林蓓蓓　郝秀华　编著

U0666517

聪明人
是怎样管理时间的

吉林文史出版社
JILINWENSHICHUBANSHE

是什么偷走了你的时间？

是什么妨碍了你的工作效率？

为什么你不停地加班却总是将项目拖到截止日期的前一天晚上？

······

那些没有妥善对自己的时间进行管理的人，往往整天忙忙碌碌，却见不到显著的工作成果；而那些将时间管理得很好的人，却可以从容地做好工作安排，他们知道今天要做什么，明天要做什么，甚至可以同时将几个项目进行得井然有序。

掌控时间，就能掌控工作，掌控生活。这本《聪明人是怎样管理时间的》，能帮助你掌控时间。本书里所描述的每一个方法都可以直接或间接地帮助你节约时间、突出重点、进行更好地组织、完成更有效的时间安排，并且可以使你拥有更和谐的人际关系。

不要试图立即将这本书所有的方法付诸实践，因为有些方法不一定适合现在的你。把所有方法浏览一遍，然后选择那些现在就能够真正改变你生活的方法，付诸实践。

每90天对本书进行回顾。这样，当你的事业发生变化时，你就可以找到新的方法来适应不同的情况，使自己的工作百尺竿头，更进一步。如此一来，你就提高了竞争力。

一个高效率的团队，一定是对时间掌控力强的团队。因此，不要忘记你的同事，让他们也参与进来：选择并运用本书中介绍的方法，你要相信他们一定可以成功。你可以参考这本书的内容，试着摸索属于你自己的方法，并且和你的同事一起分享这些成果。

想要改变现状，学会管理时间的方法，从本书开始。

第一章 明确工作目标

第二章 利用好任务列表

第三章　整理好工作空间

第十章　学会授权工作

第十一章　消灭拖延习惯的好方法

第一章

明确工作目标

入门是最难的一步

人应该支配时间，别让时间支配人。

——拉伯雷［英］

正如人们越来越沉溺于网络、食物、香烟和其他类似的消遣一样，对现今这种风风火火的生活方式、节奏紧张的生活步调，人们也感到越来越难以割舍。我的邻居有三个孩子。她经常自豪地说她能把内容繁复的各项任务安排到时间表中，并且完成它们。不幸的是，下一分钟，她又要抱怨，时间总是不够用，她的时间老是零零碎碎的，以至于她总是无法把全部注意力集中在一件事上。不仅如此，她一直无法与家人在一起度过一段有意义的时光。

直到现在她才明白，生活并不是非得那么忙碌辛苦，只是她需要更好地安排和控制她的时间，而不是让时间成为她的主人。我们都知道，太多的压力最终将使她的健康陷入极为糟糕的状况。这可是医生说的，如果生活过于忙碌，那么结果就必然以失去健康为代价。当然，这种疾病不只是困扰着她（她现在已经康复了，谢谢你的关心），而且她的家人也承受着同样的痛苦。

现在，这种情况再也不会发生了。

她运用了这本书所介绍的方法。首先分析了自己的生活方式和每天的例行公事，然后她下定决心要更好地处理和掌握时间的安排，成为时间的主人。她认为自己现在已成为"一个全新的时间驾驭能手"（这可是她自己说的）。在她的生命中，这个转变实在是太具有戏剧性了。而我们中许多人都不会有这么戏剧性的经历。所以正如一个酒鬼所做的那样，现在到了评估——或者说重新评估——时间优先权的时候了。

✅ 任务 <<<

在你被太多事情困扰，以至于要重蹈我邻居的覆辙之前，你必须下定决心，着手评估你的生活方式。在运用这个方法之后，仔细查看每天的日程安排表。你会发现其结果是多么令人兴奋，与此同时，这张表也清楚地指明了你的进步空间：在哪些地方，你还有能力更好地节约时间，减少麻烦。

⚠ 提示 <<<

我的邻居把这次的疾病作为一个警告，以及一段全新生活的开始。她评估了自己的生活方式和时间安排，不仅如此，她还开始重新安排时间，使其更为合理。她反馈说她的健康状态越来越好，而且她陪伴家人的时间也增多了。但是与此同时，她依然可以在每一天完成每一件重要的事情。

把时间看作是一门学问

为了改变那种生活，我的邻居所做的第一件事，就是开始研究和学习时间。对了，她不是这么称呼的，但是她确实是这么做的。她在自己的能力范围内，对所有的日常活动进行了安排。在两周的时间里，她每天记录下自己做过的所有事情。一五一十，毫无疏漏，她记下了每一件她所做的事情，包括她在什么时间去了休息室，在什么时间碰到了什么人，以及所参加的每场会议和约会的每一个细节。

她记录下花费在这些事情上的时间，如此一来，她就可以在之后的时间里详细回顾所有的情况，找出哪些事花费了哪些时间，以及为什么这件事会用了这么多时间。在大多数情况下，因为她保留记录了大量细节的缘故，所以她就可以进行全面的分析。

两个星期后，她已经拥有了充足的资料。当她重新审视以前的日程表时，她便使用了若干个小时来做笔记，主要内容就是她在这一过程中所学到的东西。这就是她的分析方法。也许这种方法还不够科学，但是确实非常管用。她掌握了很多管理时间的心得。

✓ 任 务 <<<

好好思考这个学习时间的简单技巧。这个技巧并不奇特，也不需要你额外付出什么代价。可是，你却能从中学到很多东西。

（！）提 示 <<<

　　现在有很多公司都要求员工做时间研究记录，这样，整个公司就能权衡总体时间使用情况，并且进行调整以适应它的体系和程序。如果这个简单的方法对他们管用，那么它也会对你起作用的。

按照不同的范围划分你的问题

把你的活动按不同的范围划分为一个个小组：管理任务、会议、约会、例行公事、偶发事件等等。

现在来看看你可以学到什么？对某些时间的使用方式，你是否感到非常讶异呢？是不是看起来时间用得太多了？仔细看看关于相关范围的笔记。对于导致时间浪费的原因，你有什么样的认识呢？导致浪费的某些事情是不是可以由你来控制呢？

总之，你只有知道问题出在哪里，你才能解决问题。

✓ 任 务 <<<

在你所确定的每一个问题的范围里，你要开始去寻找方法来解决问题。这本书的部分方法对你会有很大的帮助。

ⓘ 提 示 <<<

总有一些地方和一些活动，我们在其中会浪费一些在预算之外的时间。我们只是不知道问题出在哪里，或者说到底是什么问题。而本章所介绍的这一过程就是可以使你找到解决办法的途径。

确定工作目标

当你着眼于你的工作时，你需要弄清楚一件事：在你的职业生涯中，你到底想从工作中得到什么。正如大家现在心知肚明的那样，我们不会把自己的生命完全投入到同一个工作中，还有很大可能不会一直待在同一家公司里，甚至还可能不会留在同一个工作领域！至少，这是劳动部门的最新数据告诉我们的。

所以，你想从你的工作中得到什么呢？首先就是要为你自己的个人成长，以及职业发展树立目标。这些目标应该是基于你对个人长期发展的渴望而树立的。这些目标可以顺理成章地帮你得到长期渴望的成功。

如果你的长期目标是成为一家大公司里公共关系与沟通部门的高级主管，那么要达成这一目标，你需要做什么？

你需要在公共关系方面获得一个学位。

你需要进行沟通联系的专业成员。

你需要一本专业证书。

你需要一份毕业学位。

你还需要拥有逐渐增长的责任感。你必须在超过 20 年的时间里，在若干个公共关系的不同部门中认真工作，取得实质进步。

也许你还需要掌握专业知识。

牢记你所要达成的这些目标，那么为此你在目前的工作中又需要做什么呢？你要再着眼于"在工作中取得进步"和"逐渐增长的责任感"这两点要求。想想你能在工作中逐步得到它们吗？之后，你就得把上述两点要求作为奋斗目标。那么你还需不需要开始为取得专业证书做准备呢？随后，你必须确定一个目标，并为完成这一目标留出时间。

　　总之，你应该为你所想要从事的每一个职业，确立一个你想要达成的明确的目标。接着你要认真工作以完成这些目标，并且，根据相关要求安排你的时间。

✓ 任务 <<<

　　确定你的短期工作目标和长期职业目标。记得，这得是你自己的目标，而不是你老板的或者是公司的目标。接着把这安排到你现在的职业任务中，努力工作以达成这些目标。

! 提示 <<<

　　如果我们没有工作目标，那么我们就会漫无目的地浪费时间。而这将会导致我们预料之外的失败。

把长期目标和短期目标写下来

仅仅树立长期职业目标和短期工作目标是远远不够的。你还需要把它们都写下来，然后定期按步骤执行它们。许多年前，在当时那个老板的力劝下，我就曾经历过这一过程。就是他带领我尝试了这一方法，我非常感谢他。

从那时起，我就用清楚的语言把这些长期职业目标和短期工作目标都写下来，然后定期按步骤执行它们。当然，这些目标不会一直都是一模一样的。部分目标需要重新调整。除此之外，我还会为从事的每一个具体工作树立新的具体目标。

可是正是因为我把这些目标都写了下来，所以在25年后的现在，我拥有了一份详细的记录，上面清楚地记载了我是怎样通过一步步的努力取得今天的成就的。把这些目标都写下来使我拥有了一份人生档案。这份档案显示我曾在什么时候面临重大的职业抉择和人生选择。例如：在什么时候换工作，或者在什么时候从事什么活动。

我仍然把这些记录保留在一开始确立目标时所用的那本笔记本中。它们是对我非常有价值的人生助手。

✓ 任务 <<<

写下你的职业目标和人生目标，以及你目前的短期工作目标。把它们保存在一个特定的地方，这样，每隔一段时间，你就可以参考它们，借鉴有价值的资料，这段时间也许是每个月。当你换工作时，要记得更新这些目标。

! 提示 <<<

这份记录可以使你为你的工作和职业，有些时候甚至是你的人生方向做决定。而且它还可以使你认识到，从每一份工作中你想获得什么，以及，哪些时间该用于哪些工作目标和个人目标上。

为完成目标安排时间

知道了你的长期人生目标和职业目标，以及短期的工作目标之后，现在你就可以对怎么使用时间达成目标做一些规划。参看你的奋斗目标，然后每星期或每个月都为达成这些目标分配一些时间。

这种方法还可以帮你判断应该从事哪些额外的工作，以及在工作之外你还应该参加哪些活动。

举例来说，我的一个目标就是参与到我同事的专业联系小组中。在很早之前，我就已经确定了这个奋斗目标。除此之外，我每个月都安排时间参加那个小组的活动。这不仅使我实现了短期的工作目标，而且对我长期的奋斗目标也大有助益。

这种方法可是一个非常有用的策略呢。

✓ 任 务 <<<

根据你目前的工作目标，进行合理的时间安排。

! 提 示 <<<

这一方法不仅可以帮你达成你的人生目标和职业目标，而且使你适应你自己的工作，并安排好你的工作时间。

确定每日目标和每周目标

根据安排好的时间，确定你奋斗的每日目标和每周目标。你的每周目标应该适当，但是，在经过几个星期以及几个月之后，这些目标的作用就会逐渐积累起来，从而使你最终完成短期工作目标，进而达到长期的职业目标。

在这个任务里，关键是要为人生中的重要事情分配时间。这些目标要能够，通常也需要包括那些家庭目标。不要忘记你对家人的职责。

✓ 任 务 <<<

每天、每周都确定全面的短期目标，安排时间来完成它们。这可以使你进而完成你长期的职业目标和人生目标。

⚠ 提 示 <<<

为你的未来以及你的成功做好规划，这是这个策略的意义所在。如果你合理地安排时间，那么你就可以达到目标。如果你只在恰好有空的时候去做那些事情，那么你就会发现自己每次都会手忙脚乱，而你也永远不可能达成你的目标。

在前一天晚上就开始着手为次日做准备

在早晨拥有一个全新开始的最好办法就是从前一天晚上做起。

是的，在晚上就开始着手为你的第二天做准备。做一些简单的事情，这可以帮你充分而有效率地开始新的一天。这是一件做起来非常容易的事情。

首先，在每一天工作结束时，先别急着回家，重新浏览你第二天的日程表。看看你需要在第二天完成哪些重要的活动和任务，并且做一些适当的准备：准备相关文件夹，发送相关信息，阅读相关资料等等，来完成你的准备过程。

这一方法就是在晚上为第二天的工作做好所有的准备。这样，在第二天，一进入办公室，你就可以直接开始充分而有效率的工作了，而不需要耽搁时间进行准备。

✓ 任 务 <<<

在晚上就开始着手为你的第二天做准备。

! 提 示 <<<

这个方法还有一个优势，就是使你在心理上也为新的一天做好了准备，使你的第二天有一个良好的开始。

不要拖延工作

拖延，就是指推迟工作而不是按时把它们做好。因为这个任务或者项目没有意思或不能令你感到跃跃欲试的冲动，所以你就非得等到最后一分钟才去处理。又或者，是因为这恰好是你没做准备的项目，所以你对此的了解程度还不够。又或者，是因为这个项目在某些程度上是危险的。

虽然这么做并不会给事情造成什么严重的影响，但是一些研究表明，拖延会使完成这项任务的所需时间翻倍。

从现在开始，好好想想这个问题。你是不是这些人中的一个？你是不是也把事情拖延到最后一分钟才做？如果是的话，你就已经浪费了很多的时间，时间的安排也不合理。

✓ 任 务 <<<

好好反省自身。分析你是否惯于拖延事情。如果是的话，马上停止这种做法。

! 提示 <<<

拖延是非常浪费时间和精力的。这是时间浪费和工作超时的重要原因之一。

帕累托原则：二八原则

这个帕累托是何方神圣呢？为什么我们要在这里提到他呢？

维尔弗雷多·帕累托是一位意大利经济学家。他观察到，在任意一次的工作过程中，在我们所得到的报酬中，80% 是来自于其中仅仅 20% 的工作。他告诉我们，这 20% 的工作可以给我们的生命带来最丰厚的报酬。

这个说法是多么令人沮丧啊！我们所做的工作中，只有 20% 才能得到报酬？好的，当然情况不全是如此，但是我们所得到的大部分报酬确实是来自于我们工作中相当小的一部分。那么这对我们而言意味着什么呢？我们又该怎么利用这一信息呢？

明白这一情况，可以让我们适当地划分工作的先后次序。对于那些能给我们带来一定报酬的工作——无论是个人的，还是职业的，或者是组织上的报酬，我们需要把它们放在优先位置。而其他事情就可以暂且靠后了。

✓ 任务 <<<

正如下一章将要介绍的那几个方法要求你所做的那样，当你考虑给你的工作区分优先次序时，记着这个帕累托原则。

　　让我们勇敢地承认这一情况：虽然所有的工作都需要完成，但是只有我们能够真正从中得到报酬的那些工作才是最重要的。我们应该把自己的精力优先放在这些工作上。

第二章

利用好任务列表

区别优先次序，划分 ABC 三大类工作

掌握好时间安排的第一步就是区分工作的先后次序。如果我们把那些可以给我们带来报酬的工作放在了第一位，那么接下来我们又该怎么组织安排其他工作呢？

这可不是脑外科手术，但是这里介绍一个简单的系统可以帮上很大的忙。这一系统就是要求你按从高到低的优先次序把自己所有的工作分成三类。我们把它们分别称为 A 类、B 类和 C 类。排在第一位的 A 类是绝对优先的工作，B 类是相对靠后的，C 类是可以最迟完成的。

✓ 任 务 <<<

定期将你的任务区分出先后次序，尤其是在整理你的未完成任务列表的时候。好好利用这个工作系统吧。

! 提 示 <<<

不是每一件事都是要放在最优先的位置的，也不是每一件事都是真正重要的，并且不是每一件事都是非得要在当天完成的。这个系统使你可以有效率地组织那些重要的事情。

ABC 三大类中的 A 类

这里列出的有限数量的工作是一定要完成的任务。这些事情必须符合下列的部分或全部的标准：

如果不完成这些工作，你就会被解雇。

这些任务符合帕累托原则中 20% 部分的工作标准。

这些任务需要在最近几天内完成。

这些任务符合你个人目标或职业目标。

这些任务是老板布置的工作。

你的标准可能有所不同，但是这些标准必须显示这些事情都是必须要现在完成的。这样才可以成为你的 A 类工作。与其他任务相比，这些工作是处于绝对优先地位的。它们都是非常重要的任务，具有深刻影响作用。

✓ 任务 <<<

把你的任务和职责放在优先地位。判断哪些是属于 A 类工作。把它们放在未完成任务列表的最顶端。仔细地安排这些事情，然后完成它们。要知道这些工作是非常重要的。

利用你的未完成任务列表来安排这些任务。记得，如果这些任务是在 A 类列表中，那么它们对于某些重要人士而言就是非常重要的。这些人，可能是你自己，也可能是你的老板。这不要紧。只是记得不要把每一件事都列为 A 类工作，否则这个系统就会失去价值了。

ABC 三大类中的 B 类

属于 B 类优先级的项目就是指那些主要工作，它们需要处理但又不要求你立刻完成。查看你的工作，然后组织 B 类列表任务。这类任务需要处理，但又不是重要到非得今天或明天就完成，或者就是没有限定截止日期而已。也许你还有一星期的时间来做这些工作。

在你的未完成任务列表中，把 B 类项目排列在 A 类项目的下面。但是不要认为你可以忘掉这些任务。随着时间的流逝，当它们的截止日期逐渐逼近时，许多任务也要上移到 A 类列表中。

所以只要你有时间，在进行 A 类列表的项目的同时，就可以适当完成一些 B 列表的任务。这就是它们之所以要安排到未完成任务列表中的原因了：组织这些任务，在你的能力范围之内，尽快完成它们。

✓ 任 务 <<<

当你已经完成 A 类项目后，再回头查看你其余的任务。从中挑选出那些没有设定截止日期或者不紧要的任务。也许这些任务不能为你带来丰厚的回报，或者还有另外一些原因，它们并不是处于 A 类列表项目的优先级。但是我们依然需要完成这些任务。所以记得把这些 B 类项目安排到你的未完成任务列表中。

!(提示) <<<

　　永远不要忘记这些任务，B 类工作依然需要完成。它们只是没有必要非得在今天做完而已。但是也许截止日期是明天……

ABC 三大类中的 C 类

现在谈到 C 类列表任务。首先，请听我讲一个小故事。

在我早年的职业生涯中，我的一个朋友也使用了这个 ABC 分类系统。他总是将 A 类任务列表放在桌子上的一个篮子里，这样，他马上就可以处理这些事情了。他的 B 类任务列表则放在另一个篮子里，这个篮子位于放着 A 类任务列表的那个篮子之下的。而对于他的 C 类列表呢，那就是另一个处理方法了。他把所有的 C 类任务列表都放在书桌最下面的那个抽屉里。除非有人问起这些事项，否则他就再也不会把它们拿出来了。

你看，他的 C 类列表所包含的任务都是对他或者对其他那些他所在意的人来说并不重要的项目。它们常常就这么无声无息地消失在书桌最下面的那个抽屉里。如果有人来到办公室，询问这其中的一个项目，那么我的这位朋友就会把它拿出来，然后这个项目就会成为了 B 类列表任务之一了。否则，这个抽屉就是这些 C 类工作的葬身之地了。

所以，查看你的 C 类列表，这是一个相当好的方法。在这张列表里都是那些不重要的事情。这些项目都没有任何决定性作用。它们也不能给你带来任何报酬。没什么人会在意这些项目。我们的工作中都有这类事项。记得把这些事项安排在 C 类列表中。如果你有时间，那么就去处理这些事项；否则，你就可以忽略它们了。如果某项任务的优先权发生改变，那么你就需要把它上升到 B 类列表中。

✓ 任 务 <<<

找出那些不重要的事情，把它们安排在 C 类列表中。然后将列表收拾好，放在某个地方。有空的时候可以查看这类列表，留意是否有什么项目的情况发生改变，需要上移到其他类列表中。如果你有额外的时间（哈哈），那么就开始行动吧，处理这类事情。否则，就让它们像好酒一样，随着岁月的流逝而逐渐变陈吧。

① 提 示 <<<

务必记得偶尔要重温你的 C 类任务列表。有些时候，因为各种原因，某些项目和任务需要上移到其他类列表中。某些今天不要紧的事项可能在下一个星期就突然变得重要起来。如若不然，那么在那份繁忙的日程表里，把你的注意力集中在那些重要的事情上吧。

将你所接到的任务马上写下来

我们常常接到口头布置的指示或者任务。虽然这并不总是传达命令的最佳方式，但这种方式肯定是最为普遍的。不幸的是，在每天热火朝天的一场场战役中，有些任务有很大可能会被遗忘。

把那些口头布置的任务马上记下来，这样做一向是一个非常好的对策。这是你记录任务或项目的开始。除此之外，这还使你拥有了一份文档，这份文档可以提醒你有关这些任务的情况。接到任务后，在清楚地还记得相关指示的情况下，尽快把它们记下来。这样你就不会遗失任何资讯或者细节了。

你同样要立刻把这些任务安排到你的未完成任务列表中。按照优先次序等级，把这些任务各自安排到相应列表中，但是你得先从你所做的那份记录文档里获得相关信息。通过这种方式，当你每天回顾你的未完成任务列表时，你就不会忘记这些工作了。

⊘任务 <<<

记下那些口头布置的指示或者新任务。这是你记录任务或项目的开始。记得把这些任务安排到你的未完成任务列表中。这么做可以使你通过完成这些任务，从而一步步走向成功。

通过做笔记把这些信息捕捉下来，可以使你在日后回忆起这项任务并着手处理时节约时间。这些记录保存的细节，也使你不需要再浪费时间重新寻找相关信息，实际上，那些信息你一开始就已经获得了。

确定任务的截止日期

设定截止日期是你进行计划和组织的重要方法。而且设定稍早的截止日期也使你发现日程表中的问题或者情况有所变动后，你依然有时间可以把工作完成。所以，如果你有一段时间生病了，雪上加霜的是，重拾工作的当天恰好是其中一项任务的截止日期，但是如果你运用了这一方法，那么即使在这样的情况下，你也不需要匆匆忙忙地追赶进度了。因为在你自己设定的截止日期和实际的最终期限之间，你已经为自己准备了一段缓冲时间了。

✓ 任务 <<<

为每一个任务和项目设定一个截止日期，使它们比实际要求的最终期限提早一两天。这样，即使万一出现什么问题，你还能拥有一个缓冲期应对困境。

! 提示 <<<

我一直使用这种方法，而我发现运用这种方法后，很多次我就不需要再为了在截止日期之前完成任务而熬夜赶工了，那么我也就可以省去了我的宵夜。重点是，要设定稍早的截止日期。

不要让自己困在许下的承诺里进退两难

在所有的问题中，其中有一个就是许下了过多承诺。稍后，我会讨论关于说"不"的能力，但是过多的承诺确实是我们一直面临的一个危险。你必须遵守你的诺言，不论这是职业上的还是私人的许诺。许下的承诺，并不会给你造成不便，你依然有能力轻松地适应变化的环境和变化的任务。

这意味着在某些事情上你必须对某些人说"不"。这意味着某些工作你可能需要委托他人处理。这意味着你需要保护自己有20%左右的时间来处理很多突发事件。但是，如果你只许下80%的承诺，那你依然有能力按计划安排这些事情。

重要的是，对你自己的每项任务或者项目，你要给予超过100%的注意力。这是使你的工作令人满意并让主管满意的重要因素。你要做的不只是完成工作而已——你要保质保量地完成任务，做得比其他人都出色。这样才会为你带来丰厚的报酬。

✓ **任务** <<<

每一天都为突发事件留出适量的时间。你需要更强硬一些，培养说"不"或者"请稍等"的能力。

非常明显，你不可以对你的老板说"不"，但是你可以对某些人这么说。这些人或者是要求你答应为他们帮忙，或者是要求你在工作之余训练办公室的羽毛球队。保护好你那 20% 的时间，这样你就可以在之后工作中节约时间了。

保持领先优势

我们都要保持领先优势。我们必须承认这一点。当然我们也确实这么做了。保持领先优势是典型的中国做法。在工作上也要这么做，这并不是一件坏事。

但是，所谓的在工作上保持领先优势，并不是让你和其他任何人比较。我的意思是要对未完成任务列表保持领先优势，对你必须完成的所有任务保持领先优势。当你完成一项任务时，就用粗线把未完成任务列表上的相应任务划掉。我是用一支红笔，因为颜色很醒目。

当我看到列表上那些红笔标注出的已完成任务时，那么我就知道已经保持领先优势了。我在一步步地向成功迈进，并且每天都坚持这么做。这几乎可以说是一个自我奖励的系统。因为我看到了我是怎么战胜其他人的——也就是，列表上的那些项目。这种方法实际上是非常激励人的，并使我在任务和目标上集中注意力。

⟨✓⟩**任 务** <<<

当你完成任务和计划时，把它们在未完成任务列表中醒目地标注出来，记得使用一种特殊的颜色。如此一来，这个未完成任务列表将会开始成为一个计时器，而你也能从这儿得到激励。

在其他我工作过的那些办公室里，我曾经试着让其他人也运用这个方法。虽然这个方法不是每次都奏效（因为有些人实在是没什么竞争意识），但是它对大多数人来说还是非常有用的。这种方法使他们把注意力集中在任务上，这实际上使得他们更有效率。除此之外，是的，他们还可以节约时间。

制作一份未完成任务列表

掌控你的时间，意味着你明白利用时间的方法。虽然这种方法看起来很麻烦，但是制作一份未完成任务列表可以使你最大限度地利用时间。当我开始使用一份未完成任务列表后，我就可以更好地掌控自己时间——而同时我也节约了时间。

一份未完成任务列表，很简单，就是指一张包括所有必须要完成的任务的列表。这张列表使你一直都清楚地认识到你需要完成的任务，而且可以对你安排这些任务有很大助益。为了更好地使用这份未完成任务列表，请遵循下列几个简单的步骤：

1. 列出所有必须完成的任务。

2. 按照任务需要完成的时间顺序来安排它们（当这些任务是必须要求完成的时）。

3. 当任务完成时，就把它们标注出来。

4. 定期更新（每天一次是必需的）。

这份未完成任务列表是你安排任务次序的主要工具。如此一来，你应该经常参看这份列表，使用这份列表，管理这份列表。当你接到新的任务时，当你完成旧的任务时，记得更新这份列表。

word 文档、excel 表或其他一些软件可以使你制作和管理任务列表或者未完成任务列表。如果你觉得这些软件很称手，那么就使用它们吧。如若不然，那你就用一张划好横线的纸吧。每隔一周左右就重新制作一张列表。

⊘ **任 务** <<<

　　制作一份未完成任务列表，然后使用它。

⚠ **提 示** <<<

　　使用一份未完成任务列表可以帮你把工作区分先后次序，使你更有效率，而且节约你的时间。

利用好这份未完成任务列表

我知道，我已经谈到这一点了。但是我还没有告诉你该怎么做。这里我先介绍我的经验，对你也许有些帮助。

每天晚上在回家之前，我都要回顾未完成任务列表，重新给次日的任务区分优先次序。我把取得优先权的任务移到列表的顶端，这样我在第二天一早第一眼就可以看到它。同样地，根据任务需要完成的先后时间，我再次安排先后次序。

每天早上，我重新浏览我的未完成任务列表，并据此安排我当天的工作。当我接到新任务时，我就根据不同的优先级把它们安排到这张列表里。正如你所能想象的那样，那些需要尽快完成的事情处于这张列表的顶端，而相对不紧要的任务则被安排在底部。

这个方法可一点儿也不简单。我常常会把那些工作量较大的任务放在接近顶端的位置，这样子我就可以早些开始处理，然后及时完成这些任务。另外，任何对我来说，或者对组织而言是非常重要的事情，应该放在比预定的截止日期偏上一点儿的位置。

当任务完成后，我会把它们从列表上除去。每一天结束时，我再回顾这张单子，那么……好了，你知道结果的。

✅ **任 务** <<<

　　每天使用你的未完成任务列表来管理你的工作量和你的时间。

⚠️ **提 示** <<<

　　确实，我发现使用未完成任务列表帮我节约了时间，并且它还确保我不再因为遗忘某件事情而不得不熬夜追赶进度。

与他人分享这份未完成任务列表

我的未完成任务列表是电子稿，所以我就可以将它与工作组成员以及老板一起分享。当老板选择由谁来处理新计划或者新任务时，这份列表可以起很大的作用。通过这张单子，老板可以了解每个人的工作量各是多少。通过快速查看我的未完成任务列表，我的老板就可以了解我是否还有能力处理另一个计划或任务。

当我的工作组成员们在某件计划上需要获得一些帮助或者协调一些工作时，他们也能够利用我的这份列表了。每个人都知道我现在处理什么工作，然后视情况调整。如果你不是使用电子列表，那就将你的书面列表简单地贴在门上或小隔间的外面。

✓ 任务 <<<

使你的未完成任务列表发挥更大的作用，让办公室里的其他人，特别是你的老板也可以利用它。

! 提示 <<<

这个方法可以帮你摆脱计划或任务过多的麻烦，更棒的是，它还能够使你的老板了解到你为他所处理的所有任务。当然，只有内容准确而且时时更新，这份单子才能发挥作用。

更新这份未完成任务列表

如果没有时时更新的话，那么这份未完成任务列表就没有价值了——对你来说是这样，对其他人而言也是如此。如果这是一份过时的单子，你就不能信赖它，根据它来判断哪些事情是优先项目。因此，很有可能你将时间浪费在一个计划或任务上，而忽略了其他某些需要尽快完成的工作。然后，当你发现这个错误时，你只能熬夜来赶工。

因此，你需要随时更新这份列表。当计划发生改变，当截止日期逐渐接近时，你就要在你的列表上做好标注，并且及时在优先任务列表中调整项目次序。

当然，要随时从列表上除去那些已经完成的项目。这是一种很好的方式来查看你在给定的一天或者给定的一周中所做的事情。

最后，确定你把所有的新任务都安排到这张列表中了。当你开始依赖这张列表后，哪怕只遗漏一项任务都能够使你在之后的工作中头疼不已。

如果这张单子反映出了最新情况，你的老板就可以了解你是怎么样来管理时间和工作的，而且当你的工作压力过大时，他就可能将新的工作和任务交给其他人——或者减轻你的一些工作量。当我手工制作一份未完成任务列表时（使用纸和笔），我总是在每个星期一早上交给我老板一份副本，这样他就知道我在做什么工作了。

✓ **任 务** <<<

　　谨慎地随时更新你的未完成任务列表，并且为你的老板提供一份副本。

! **提 示** <<<

　　一开始，我的老板不明白为什么我要交给他这张列表。大约在两个星期以后，他就明白这非常有帮助，所以他开始要求他的每一个员工都给他提供这样一份列表。

使用一个专门文件夹以避免拖延任务

有一项时间杀手，以及导致熬夜和大量焦虑的一个原因，就是忘记了重要任务的截止日期。这种情况曾经发生在你身上吗？当然，可能你曾在下午三点时发现你忘了完成一份次日晨会需要的报告。结果呢？你需要加班加点工作来完成这项任务，不仅如此，这还使你在其他项目上有所拖延。如此一来，你第二天一早又要抓紧时间追赶进度。

防止这种情况发生的一个办法就是建立一个"任务文件夹"。这是一套简单从1排列到31的文件。这些数字代表每个月里每一天（是的，我知道，不是每一个月都有31天的，但是……）。在每一个文件档案里（是的，是那些令人讨厌的统计文件夹）放入第二天需要完成的所有文件或者一个行动的笔记。例如你有一份报告需要在10号星期五完成，那么就在9号的文件档案袋里放入一份提醒文件或者原始任务文件。然后，每个早晨，记得查看这个文件夹。

有了这个系统，你就不用再担心忘记完成某项任务了。并且这个系统可以帮你组织工作时间。当然，如果某件事需要花费很长时间来完成的，就把那个项目放在早几个日期的文件夹中。

✓ 任务 <<<

为你自己准备一个专用文件夹，记得每天查看。别忘了，只有经常使用这份文件夹，它才能真正发挥作用。

! 提示 <<<

使用这个简单的技巧，我把追赶工作进度的时间减少到了最低。不仅如此，我熬夜的时间也减少了很多。

第三章

整理好工作空间

整理工作空间：总体整理

你们都明白书桌所透露的讯息："一个混乱的书桌代表了一个聪明的头脑。"好的，也许吧。但是类似的情况在厨房却是这么表达的："一个邋遢的厨师所烹制出来的食物，令人难以下咽。"真是令人匪夷所思。

但是通常一个混乱的书桌代表这个主人思绪杂乱，没有效率。你管理周围环境的方式决定了你管理时间的方式。

你的工作空间是你的城堡，至少在你工作时是这样子的。而你的城堡应该是这样组织的，它可以使你尽可能地更有效率和富有成效。

所以请思考你是如何工作的，并且查看一下你的办公室或者小隔间。它是否井井有条？它的安排方式是否可以使你有效率地工作？它是否可以帮你管理工作流程，或者是资料，又或者是访客？如果不是，那么你需要考虑改造你的办公环境。这在目前非常流行，所以请试试看看吧。

⊘ 任务 <<<

查看你的工作领域，判断它是否组织规范，是否能够使你快速找到任何所需的东西。如果不是的话，那就重新整理。可以参考本章随后几节介绍的那几种简单的方法。

（!）提 示 <<<

良好的组织可以带来工作的高效率。而高效率意味着节约时间。通过效率来节约时间，通过良好的组织管理来达到高效率。就从整理你的工作领域开始做起。

整理工作空间：桌面

　　当我为他人提供相关帮助时，我第一个发现有问题的地方通常都是桌面。如果我看到成堆的文件散乱地放在桌面上，那么我就知道我需要做什么工作了。整理是一件非常简单的事情，但是同时也是一件非常私人的事情。我们没有一个确切的方法或者一个正确的答案。只有你自己才能判断以哪种整理方式是最好的。

　　但是，这里有一些原则可以供你参考。它们是：

　　你是以什么方式接到工作的？通过书面资料，通过电子邮件，还是通过普通邮件？在你的书桌上，这里有没有一个位置可以来存放你处理之前的新任务呢？如果没有的话，那么就留出一个位置。传统的那种"篮子方法"在今天还是非常有用的。

　　你是怎么管理与任务或者计划相关的文件？它们是叠成一堆放在某个地方吗？整理这些文件，即使是会议记录也是非常重要的。最简单的方法就是使用传统的统计文件夹。把这份文件夹放在一个档案里或者你桌面的铁丝架上。

　　你的工具（铅笔、签字笔、电话、电脑、办公设备和其他一些东西）都放在哪里呢？如果它们都是随意地散放着，那么你就得整理了。电脑是放在你可以轻松接触到的地方吗？把电话放在手边，而不是你的身后。把办公设备都放在某个抽屉里，这样一方面你可以很方便地找到它们，另一方面它们又不会碍事。签字笔、铅笔以及记事本簿不要凌乱地散放在桌面上，而应该放在一个方便拿取的抽屉里。

✓ 任 务 <<<

好好看看你桌面的组织方式。是不是所有东西都散乱着，占据了所有的空间？整理你的桌面，进行一次大改造。

! 提 示 <<<

良好的组织秩序可以节约时间。而时间就是我们所关注的重点。

整理工作空间：书面文档

有人说电脑可以给我们带来一个"无纸办公室"，这是一个不折不扣的谎话。现在的纸张用得可比以前还要多。那么，我们该怎么处理这些纸张呢？

同样的，传统的办法是最佳的解决方法：使用普通的统计文件夹。把所有的文件都放到一个文件夹中。你可以用你喜欢的方式随意组织它们。如果你把所有的文件都标注了日期，那么就按时间顺序排列工作。或者你可能喜欢把计划或任务的日期标在封面内侧，然后按文件的内容组织。不管是哪种，对你有用的方法就是最好的方法。

⊘ **任 务 <<<**

组织你的书面文档。使用统计文件夹，并且建立一个适合你的系统。

① **提 示 <<<**

把你所有的书面文件都放到文件夹中。这种方法可以避免混乱和浪费时间，为你带来整齐有序和效率。而且，确实，它可以在每一天节约你的时间。

整理工作空间：文件夹

好的，接下来该怎么处理刚完成的这些文件夹呢？再把它们堆在桌子上？当然不是。相反我们要建立一个收纳系统。

我的方法是把工作时用到的文件夹放在桌子的文件框里，这样我就可以轻而易举地拿到它们了。

另外，我把旧文件收在一个专门的柜子里。那么我又如何整理这个柜子呢？很简单：用字母排序法。这样子就一点儿也不会弄乱了。文件要按字母排序。这样甚至当我不在办公室时，其他人也可以轻易地找到它们了。

✓ 任 务 <<<

这种系统方法很容易建立并且便于使用。试试看，你将会发现这种或者其他类似方法，可以帮你节约不少时间。

! 提 示 <<<

你会发现用这种方法可以使你的工作效率大大提高。没什么好惊讶的，比起没有方法，使用任何一种方法都可以使你一天节省出15分钟。

整理工作空间：电子文档

如今我们不仅仅只有书面文档。所有的电脑记录、报告、备忘录、邮件等等都需要有一个地方进行收纳。如同处理书面资料一样，为所有文件新建几个文件夹并且重命名。

我总是觉得，把需要用到的任务文件放在桌面上是非常有帮助的，这样做，我们就不需要点击三四下鼠标才能找到它们。而是只要轻轻一下就能打开文件夹然后可以看到所有文档的列表。

同样要记得标注好文件夹中不同的文档，这样你就可以知道文档里到底是什么内容。就因为标注不清这个原因，你大概需要打开三四个文件夹然后才能找到正确的那个，没什么比这更浪费时间了。

◯ **任务** <<<

为你的任务和项目新建几个文件夹和文档。把现在所需要的文件放在电脑桌面上以便快速查阅。

！ **提示** <<<

这种方法将使你节约大量时间。当我使用了这种方法后，和以前那种随意摆放的方式相比，我想我一天节约了大约 15 分钟。再次提醒：这里一点儿时间，那里一点儿时间，你将节约重要的……

整理工作空间：通讯录

你得不停地给人们打电话，你得不停地发邮件。所以你需要一种快速的方法来查阅你的通讯录或者获取他们的相关信息。

我一直使用一本地址簿，这是一个我从小用到大的老系统。是的，一个书面的地址簿，里面是一些彩色标注和所有的信息。这本簿子的效果很好。唯一的缺点是这是一份书面的记录，而不是电子资料。

现在我把所有的信息都保存在一个电子资料库中，所以我的效率得到了大大提高。我使用的是非常普通的一种程序，现在还有很多非常好的产品，举例来说，有微软的邮件收发软件（Microsoft Outlook）。

这些产品的共同优点就是它们都是电子数据。你可以迅速输出信息，转换为文字处理文件，转换为标签，还可以转换到资料库以及电子数据表。并且，你可以迅速地查找资料。与这些电子地址簿相比，书面地址簿就太慢了。

⊘ 任 务 <<<

制作你的电子地址簿。选择一种便于使用的程序。一旦你开始花费时间运用这个方法，那么每天当你需要信息时，这份通讯录就可以节约你的时间。记住，要时时更新通讯录。

(!) 提 示 <<<

电子通讯录能节约你很多宝贵的时间。正如其他人所做的那样，你应该好好利用它。

整理工作空间：仔细挑选你的文档

有些时候你找不到你的文件。那些旧资料增长得很快，太快了以至于突然间你就没有空间来存放它们。怎么办？

舍弃某些文件。我有一个同事，她在咨询公司工作。这家公司有很多的书面文件，包括备忘录，研究性文件，草稿文件等等。她说，每个月都有一天，公司里的每一个人都要浏览一遍他们的文件，然后把某些资料清理出去。她说他们必须得对这些文件毫不留情。

同时，他们把那些具有长期价值的文件保留下来：工作样本、最终报告、基础研究文件。但是他们把那些用来完成最终文件的资料都扔掉了：旧的备忘录（他们的原则是指超过三年的）、个人的会议及电话笔记，研究调查、旧的会面记录。所有这些资料都不要了。

他们的目的是不要长期存放每一样东西，而应该保留那些具有长期价值的文件。为了保护委托人的利益，他们将所有这些文件都用碎纸机切碎。

⊘任务 <<<

不要让你的文件泛滥成灾。定期拣选并清除——也许是一个月或者一个季度一次。

! 提 示 <<<

陈旧的记录使寻找有用材料变得困难，并且辛辛苦苦地完成这些任务，也花费了你很多时间。不要毁掉那些在法律上应该保留的记录，比如财务记录和个人记录。

只保留一份日程表

对于你的时间表，你需要拥有绝对的掌控力。而唯一能做到这一点的办法就是保留一份时间表或行程表，里面包括你参加的所有活动的内容，并且为这些活动安排好计划。尽可能使这份日程表更加详细。

有很多非常棒的电脑程序可以在这方面帮助你，或者你也可以用书面的形式自己制作一份日程表。这份日程表要满足一个要求，你可以随时参考这张表来确定你参加会议和会面的时间和地点。

你同样可以使用这张表来记录任务的截止日期。每天都以笔记的形式把它们添加到日程表中。那么将这份日程表和那份防止拖延任务的专用文件夹结合起来，你就可以准确地按时完成每一件事了。

但是，我要提醒你：只保留着其中一个日程表。不要试图在电脑里保存一份，同时又在袖珍日历里保存另外一份。这么做不仅是需要花费双倍的精力，同时也很可能使你忘记更新这份或者那份资料，从而令你错过某些事情。

◇ 任 务 <<<

为自己制作一份每天日程表，这份表格应包括你当天所有的任务以及所有的会议和会面。

(!) 提 示 <<<

　　这种方法是怎样节约时间的呢？使用它，你可以避免因错过某件事情导致用额外的时间弥补。

弄清楚应该保留哪些资料

你认识这样的人吗？我有一个朋友，他就不愿意扔掉任何资料。因此，他的办公室塞满了所有的文件。

通常情况下，这不会是一个太严重的问题。但是，当太多的资料累积起来，你就会不知道哪样东西在哪个地方了。这就导致了混乱，以至于最后你就无法掌控你的工作环境。

防止这种时间浪费的办法就是舍弃某些资料。如果你不再需要了，就把资料放到某个特定地方。如果你"有可能"会需要它，那就把它们存放在某个地方，你能轻松找到的某个地方。这样，当你需要这份资料时，你就可以轻而易举地找到它了。

✓ 任务 <<<

查看你的工作空间。组织并且清理那些旧资料。存放好有用的资料。把可能会用到的某些文件放在特定地方，以免碍事。这个方法可以使你的工作空间保持整洁，随时都方便行动。

! 提示 <<<

不要把时间浪费在找东西上。使每样东西各得其所。收拾好其他需要处理的事情。

处理草稿的方法

我们都有一些草稿文件。我们把它们给他人传阅，获得相关评论，做好红色的标记和修正，编辑出一份最终文件以供使用。

那么我们如何处理那些草稿文件呢？大多数人是将它们归档！为什么？它们已经没有用了。所以正确的做法应该是扔掉这些资料！

草稿文件应该只保留到最终文件投入使用或者批准通过为止。一旦这些情况发生了，那些草稿文件就应该用碎纸机切碎或者以其他方式处置掉。没有任何理由保留这些已经作废的草稿材料。

✓任务 <<<

从今天开始用一种新的方法来处理那些草稿文件。在最终文件投入使用或者批准通过后，就把这些资料用碎纸机切碎。

！提示 <<<

只有一个保留那些草拟文件的原因：收尾工作所需。如果你还需要使用这些资料，就在用完后丢弃它们。

处理名片的方法

我们一直在分发名片，同时我们也一直收到名片。它们来自于我们碰到的那些人以及与我们有生意来往或者并不认识的那些人。在我的办公室里，我有成堆的名片。每次我去某个地方总要认识一些人。而同时，我们交换名片。

在我们的社会里，这是一个很有用的传统。但是肯定地，那些名片会不停增加。处理名片有很多方法，它们都很有用。当然，只把它们存放在一个书桌抽屉里，可不是正确的做法。

这里介绍一种方法，也许也是最好的方法，就是当你返回办公室时，你要简明地将名片上的信息转移到通讯数据库中。这就是我经常做的事。因为我在名片的背面做了笔记——遇到对方的地方，对方的详细情况，我的个人观察——我同样将这些信息转移到资料库里。接着我就扔掉这张名片，它已经完成任务了。我不需要一大堆的名片散放在周围，弄乱我的工作空间。

另一种方法就是购买名片册。名片册里是一些整齐的小袋子，有放名片的插口。虽然这并不像资料库那么有用，但是也提供了一个方法整齐地保存那些名片，以及将来可能用到的信息。

寻找一种对你有效的名片处理方式。不要随它们堆积起来。否则，当你需要其中一张名片时，你就得浪费很多时间寻找。

⊘**任务** <<<

找到并使用一种解决方式。最佳方法是使用数据库，尤其是一个通讯录数据库。

！**提示** <<<

我看到有些朋友只是把他们收到的名片简单地扔在一个书桌抽屉中。当他们突然需要联系某人时，他们就得翻遍整个抽屉。多么浪费时间啊！一个简单的整理安排可以发挥长远的作用。

处理书面文件

　　到处都是文件资料。到底它们是从哪儿冒出来的？它是堆放在你的桌面上吗？还是堆放在地上？抑或是已经归好文档放在你的书桌里？当你有需要时，你能简单而快速地找到它吗？我发现大多数人都不能做到。而且在寻找资料的时候，他们浪费了时间，也失去了效率。我们都知道，计算机并不能完全取代纸张。

　　解决办法就是：选择一种适合你的组织方式——你自己的解决办法。这里介绍我的方法，我相信这个方法适合很多人。

　　在书桌上，我为这些文件夹准备了3个小架子。一个架子用来存放目前正在处理的需要文件。第二个用来存放偶尔处理的长期项目。第三个架子则是存放参考文件，比如办公室信息资料、委托人信息资料，等等。

　　其他的东西我都放在书桌抽屉或者是文件柜里。这种方法相当简单。我桌上的资料都是目前正在处理的需要文件。而辅助资料的悬挂式文件夹则放在书桌抽屉里，其上用任务的名称进行标注——没有其他的要求了。当书桌上的文件越来越多时，我就把文档移到抽屉里。书桌上的文件必须是简洁有用的。

　　其他东西，准确地说，是所有东西，都以同样的方式整理好：使用任务名称进行标注，存放在文件柜里。为了使组织方式更有效率，我使用字母排序法。

✓ 任务 <<<

　　建立一个适合自己的文件收纳系统，把你最需要的资料放在手边，并且将非急需的信息和文件存放好。

! 提示 <<<

　　如果你进行了合适的整理，那么你就可以在手头保留所需资料，以便进行快速而便捷的修改。

杂志：仔细筛选并删除

你不得不购买杂志。大家都是如此。其目的是为了了解最新行业情况，为了了解市场的最新情况；为了跟上团体的脚步。但是有一部分杂志——好的，天知道我们为什么要买这些杂志。

许多年前，我对自己所拥有的所有的杂志和专业性出版物制作了一份详细的列表。其结果是非常令人震惊的。我竟然同时拥有25种不同的月刊。全部杂志我都阅读了吗？当然没有。那么为什么我还要在办公室里堆满了这些废物？

我们并不像心理专家那样拥有一个候诊室，所以我们该把这些资料放在哪里呢？你是不是也被同样的难题困扰着？这里介绍我的解决方法。

我仔细浏览每一本杂志，至少看过每一本出版物里的两个议题。我进行有鉴定性的选择，把它们分成了三份：一份是我经常阅读的，一份是我发现从来没认真读过的（"应该被筛除的那堆"），以及另一份是我偶尔参考的杂志。我立即取消了对那些我从来都没有认真阅读过的杂志的订阅。

至于其他的两类杂志，我保留它们，但是把它们放在偶尔需要的那一堆资料中。没过多久，我就胜利筛除了那些杂志中的一半。重要的是，这也减少了我花费在阅读上的时间。

✓**任务** <<<

　　把你不需要或者没有阅读的那些杂志筛选出来，然后删除。

!**提示** <<<

　　当我思考这个问题时，我把这个解决方法也推荐给了在其他许多商务同事。他们也在抱怨同样的问题，并且采取了我的方法。当然，这个方法节约了他们的时间。

使用一份"阅读文件"

　　一旦你决定好保留哪些资料，删除哪些资料，那么之后你要选择在什么时间阅读呢？你又要在什么时间阅读其他每日送达的办公资料信息呢？如果你想要在资料送达之时就阅读所有信息，那么你一天的工作将变得零零碎碎。这不仅浪费时间，更影响效率。

　　相反，你要考虑建立一个阅读文档。这个文件夹里存放所有你需要阅读的资料，但是这些资料又是不需要立即完成的，比如：杂志、报告、任务短笺，等等。具体由你决定。使用这个文件夹保存若干天积累的资料，也许是一个星期。接着安排一段时间专门阅读这些资料。

　　这些年来，我向很多人介绍过这种方法。他们都认为处理这些资料的最佳时间可以是大清早，也可以是一天的结束（但是，不要在星期五），每星期一次，你也可以选择在周日晚上或者周末把资料带回家处理。

　　我的建议是选择一个美好的周末，在钢琴的音乐声中，啜饮着手边一杯清凉的饮料，静静地阅读这些资料。

✓任 务 <<<

　　为自己建立一个阅读文档，并试着使用这种方法。先试着相隔若干天进行，然后试着把这时期扩展到一个星期。找出对你最有效的方式。

(!) 提示 <<<

通过将这些阅读集中到一个时间，而不是让它们在一天中或一个星期里不停打断你的工作，那么你就可以节约时间了。

建立一份通讯录

使用一种应用软件，建立电子通讯录。通过这种方法，使你的计算机可以更有效地工作。现在这类软件非常多。如果你使用的是微软办公软件（Microsoft Office），那么很可能你还拥有 Outlook。它不仅可以使你建立一份姓名 / 地址 / 电话的通讯录，而且还可以添加像生日以及电子邮件地址之类的个人信息。你可以最大限度地使用它们来记录与别人的联系情况。

因为这是电子资料，所以它可以减少你的寻找时间，还可以记录你的电话呼叫，办公室访问，做出的决定，等等，这使你每次给别人打电话或者拜访某人时，都可以拥有有效的信息。这个方法使你再不需要查找所有存在笔记里的信息了，而且笔记还可能会不小心错放在某个地方的文件夹里。

除此之外，因为这是数字信息，所以你就可以非常简便地更新，也就不再会出现手忙脚乱的状况了。

我所使用的这种软件可以使我非常迅速地找到对方的电话号码。我不再需要浪费时间在手写的名单或者是电话本里一次次寻找。那我可以节约多少时间呢？也许每天只有几分钟而已。但是，再强调一遍，这里一分钟，那里一分钟，你就可以节约很多时间了。

建立一份你可以随时更新的通讯录名单。

当我接到电话时，我同样也使用这份通讯录。当有人给我打电话时，我就可以立刻接通，参看我们昨天的会面记录了，里面记载了他妻子的名字，以及他儿子想要成为一个律师这一理想的评注。这实在是一个很好的联络工具。

第四章 —

安排好工作时间

了解自己的最佳工作时间

　　安排好时间对于有效率的一天来说是非常重要的。尽管某些人认为，安排时间是非常会限制你的活动，但，这是我们防止时间浪费的重要法宝。

　　首先要了解自己，你要了解你最有效率的工作时间。大家都有一个最佳工作时间，但每个人的具体情况又是不同的。举例来说，我就是一个上午型的人。我每天 5 点起床，7 点开始工作。在上午，我可以是非常有效率并且适应我的任务的。一份对于我生产力的分析表明，实际上，我一天 65% 的工作量是在前四五个小时中完成的。

　　你的情况可能会有所不同。你可能是一个夜晚型的人或者是一个下午型的人。不管你是哪种情况，都要根据这一点安排你的一天。

　　如果你是一个上午型的人，那么就把你最重要的任务安排在上午。如果你是一个下午型的人，那么就把它们安排在下午。了解自己的最佳工作时间，然后根据具体情况，最大限度地利用你的一天。

✓ 任 务 <<<

分析自己的情况，判断什么时候是你最佳的工作时间。接着把你最重要的工作安排在那段时间。

! 提 示 <<<

运用这种方法并不代表你可以忽视一天中的其他时间。这只是表明你要了解并利用你的最佳工作时间。这个方法的目的在于最大限度地利用你的时间。

在你的最佳工作时间进行严肃的会晤

安排你的最佳工作时间时，你要做很多事情，其中之一就是把那些重要会面和会议安排在状态最好及最有效率的时间。如果你像我一样，是一个上午型的人，那么就把重要的会议，会面和办公电话安排在上午。我觉得通过这种方式，我可以更有效率并且能更好地利用时间。

在早上，我更敏锐，工作完成得更好。可谓是事半功倍。

如果把这些事安排在一天中的其他时间，对我来言，就意味着更长时间的会议和更长时间的会面，就因为我不是处在最精明的状态。你会发现同样的情况也发生在你身上。

所以，一旦你知道你的最佳工作时间是什么时候，就要把你重要的会议时间安排在那个时间。当你用这种方式安排时间后，你会发现你的会议将会事半功倍。

✅任务 <<<

把那些重要的会面、会议和办公电话安排在你的巅峰时间。这样你就在最佳状态处理它们。虽然这么做并不容易，但是当你最有效率的时候，尽量专注精力，最大效率地处理这些事。

我为参加过的那些会议记录了时间。比起在上午举行的那些会议，下午的会议总要多花费 15-20 分钟——即使是同样的小组讨论同样的话题。记住战略性地安排会议时间同样可以节约时间。

对相似的任务分组

如果你一直都在处理同一类型的任务，那么你就会自然而然地对任务中相同的元素以及所需要的同种工作集中注意力。所以这种方法是有道理的。如果你把相似的任务安排到一起，你就会变得更加专注，零碎时间也就会减少。我发现如果把相似的任务分为一组，安排在同一个时间，那么我们就会更有效率。

举例来说，我把所有管理方面的任务集中在一起，安排在一天中的某一个时间——有些时候是一周里的某一个时间。我不喜欢做单独的事情，所以我把任务分组，合并在一起。这样当我专注于这类工作时，我就可以尽快完成了。

我发现当我把这些任务分散安排在一天中或一周里时，那么我在时间利用上就没那么有效率。这使得一天的时间零零碎碎，浪费了时间。通过这种方式，我还把不喜欢的那一系列任务也一次性地清除了。

✓ 任务 <<<

把相似的任务集中在一起，安排在一天或一周中的某一个时间。你将会变得更有效率，也可以更好地利用你的时间。同样地，你的成果也会更出色，因为你可以使精力专注在工作上。

我发现在集中处理所有管理类任务时，我的工作效率非常高。于是，我就查看其他任务，是否可以将它们分组，集中完成以提高效率。我发现了另外四个可以运用这种方式处理的领域。每个星期，这个方法都帮我节约了大量的时间。

设置一道"栅栏"以防时间流失

我们用篱笆围住院子的其目的，或者是为了将某些东西关在里面——比如说一只宠物；或者是为了把某些东西挡在外面——比如说其他人的宠物。或者以小孩为例也是一样。我们也需要以这种方式处理我们的日程表。

一旦你知道了自己一天中最有效率的那段时间，那么就设置一个时间篱笆。用这道篱笆围住时间以防止流失。那么在一天中你最有效率的那段时间里，你的篱笆设置得越紧，你就越能专注在你的工作上，时间就不会被分割得零零碎碎，并且也不会遭受到打扰。

怎样来运用这个方法？这里介绍一些小技巧：如果你使用电子日历簿，那么就将时间分块利用。如果你的办公室有一扇门，那么就关紧它。如果有人打扰了你，你要婉言拒绝，有礼貌地请他们离开，约定待会儿碰面。在你的电话设置为免打扰状态。不要查看接收到的消息（在"你收到新邮件"这个信息突然跳出来之时，这个系统也就停止了）。

⊘**任务 <<<**

当你安排你一天的计划时——正如你必须要做的那样（请查看随后几个关于安排时间的方法）——确定你用时间篱笆围住了你最

有效率的时间。保护这些时间，你就会变得更有效率，并且还可以准时下班回家。

（!）提 示 <<<

　　用时间"栅栏"围住那些时间，可以使你集中注意力，使干扰和打断最小化——而且这么做也可以最大限度地利用你的时间。

每天都为突发事件留出缓冲时间

意外发生了，我们都知道会有这个情况出现。几乎每天都有突发事件。当然，这类事情有可能会消耗你的一天，尤其是在你还不曾计划到它们的时候。

突发事件不可避免，而你又无法阻止。所以，就为这些事情排出计划吧。

✓ 任务 <<<

每天都为突发事件留出缓冲时间。只有根据你的经验，你才知道需要分配多少时间，但是一直要记得为突发事件排出计划。

! 提示 <<<

我有一个朋友。对于每天为突发事件花费的时间，他做了一个详细的分析。对于结果，他感到十分震惊。他一天中花费了两个多小时处理这些事情。但是因为他没有安排这么多时间，所以每天晚上，他又得要花费额外的时间进行弥补。所以现在他对突发事件也进行了计划。

时间安排：五步骤计划

安排时间是一个过程，现在有很多人都可以为如何安排日常工作提供有效建议。这里介绍一个方法，至少不会比你所能找到的其他方法差。

每一个工作日都准备一份时间表。在晚上为第二天做好安排，如此一来，当你抵达办公室时你就可以准备充分了。你的最佳法宝是一本电子日历簿，但是如果你没有电脑的话，你可以使用一份简单的书面日历簿。这份日历簿的主要目的就是安排好你一天的计划。至于选择哪种工具来处理这件事就不是我们关心的重点了。

这个时间安排过程有 5 个简单的步骤，它们只花费很少的时间，却可以帮你节约大量的时间，而且使你更有效率。

✓ 任 务 <<<

从今晚开始做起。为明天准备一份工作时间表，并且坚持遵循这张表。

⚠ 提 示 <<<

运用这个五步骤计划，它将会在长远上节约你的时间，而这个方法本身又不会花费太多时间。

时间安排：步骤一

这个计划的第一个步骤就是要清楚地确定你的有效时间。这表明你得知道你需要安排哪些时间出席会议，判断可能会有哪些突发事情打断你的工作，等等。

同样地，记得，你要承担私人生活中的责任，比如说，出席儿子的足球比赛，或者女儿晚上的钢琴独奏会。如同我们在这本书中一开始所讨论的那样，在你确定目标并安排计划之时，你就需要考虑到这些私人事项，不要遗漏它们。

一旦所有的这些事项都确定好之后，把其余的有效时间安排到日程表中。接着进行步骤二。

✓任 务 <<<

确定你的有效时间，大致勾画出你的工作，估计因各种原因而导致工作效率有限的时间，比如说会议。

⚠ 提 示 <<<

不要在这个时间安排程序中扣掉这一步骤。大致勾画出那些对你来说没有工作效率的时间，这样你就能够更有效率地安排计划了。

时间安排：步骤二

既然你已经知道每天的有效时间是哪些，那么接着判断当天你必须完成的优先级任务，只有完成那些任务后，你那一天才可以真正结束。安排时间完成那些任务并把它们放置在当日未完成任务列表的前端。

不要忘了，未完成任务列表是这个步骤的一部分。这份列表必须和日历簿配合使用。

✓ 任务 <<<

确定你必须处理的任务，估计它们需要的时间。接着在你的日历簿上安排出那些时间。

! 提示 <<<

这些任务都是很重要的。只有完成它们后，你这一天才算真正结束。每天都要在分配好的时间里运用这个方法，那么每一天都将会是一个成功。

时间安排：步骤三

第三个步骤就是为每天或每周你必须完成的日常任务安排计划。你明白这是什么事情——就是我之前写到过的那些管理任务，或者你每周五都要做的标准报告。通常情况下，这些工作会是连续循环的，所以你要非常有效率地将它们安排在日历簿中。

✓ 任 务 <<<

在日历簿上为那些日常任务及其作用做好记号，这样就可以一直按时完成它们了。

⚠ 提 示 <<<

这些工作消耗时间，但是如果你有规律地做好安排，那么它们将只花费所需的最少时间，而不至于使你事后追悔：天啊，这些工作又使你每天多待了半个小时。

时间安排：步骤四

在第三个步骤中，正如我们在前面的办法中所谈到的那样，为偶发事件安排出一些时间。为这类事情大致安排时间。在你安排好时间后，这些意外事件就不会发生了。但是当它们确实发生时，你就会很高兴已经留出了缓冲时间。

在使用日程表时，你几乎每天都要根据实际情况调整事项。但是，如果你一开始没有留出这部分缓冲时间，那么你就没有足够的调整空间了。于是，那你就又得通过加班加点完成工作了。

✓ **任务** <<<

现在就为偶然事件和紧急事件留出一些缓冲时间。

! **提示** <<<

只有你才可以依据你的经验，明白需要留出多少缓冲时间，但是每天都务必要预留一些时间。你会需要它的。

时间安排：步骤五

你几乎已经是到达结尾了。而这个过程之中没有哪一个步骤会花费非常多的时间。

现在，为你自己完成私人目标和职业目标安排一些时间。这可能会是一个阅读各类书籍的时间，或者会是做一些研究的时间，又或者会是参加网上课程的时间，还或者会是……好的，你可以自由选择。这是属于你的时间，你要利用这段时间发展自己。而这一发展是建立在个人目标和职业目标上的，对此我们之前在本书中已经讨论过。

你为这类活动留出了时间的多少，是由你在前4个步骤中所达到的结果决定的。如果你没有留出时间来完成这一步骤，那么就对你的时间表做一些调整。在你的生命中，你至少每天都应该为这类活动准备一些时间。并且，唯一可以做到这一点的方法，就是在你的日程表里为它们安排一些时间。

✓ 任 务 <<<

现在，最后以你的一些个人或职业目标的时间来完成你的时间表。没留下时间？那就安排一些时间吧。

这是第五个步骤，但是它和其他的步骤一样重要。不要忘记这个步骤，不要因为今天没有时间就忽略它们。因为如此一来，你明天也将会这么做，接着就是后天。那么在发生这一情况之前，你就没有为自己的发展安排好时间。不要让这个情况发生。

使用电子日历

使日程表最优化的方法之一就是将其与电子日历相结合。我之前已经提到过这点要求了，但是在这里有必要还要再重复。如果使用方法正确，那么这些应用程序都是极佳的工具。它们允许你随时进行调整，而且还可以添加大量的细节。你可以利用这些程序完成所有的时间安排，具体方法我在本书前几章已经进行了介绍。

这些电子程序整洁、便利、干净，而且极其有用。这些程序包括微软邮件收发系统（Microsoft Outlook）和其他功能相似的所有软件。

✓ 任 务 <<<

为你的电脑寻找一个适合的电子日历系统。寻找一个你喜欢使用的系统，并着手利用它来制作每天的日程表。

! 提 示 <<<

同样地，这些应用程序里还包括其他许多非常有用的工具。除了电子日历之外，我们还可以使用电子未完成任务列表以及电子通讯录。这两者都是非常有用的程序，而且可以和你的电子日历配合使用。

正确利用电子日历

如果你已经选择使用电子日历，那么你就需要明白怎样才能正确使用它，使电子日历发挥最大的作用，帮助你管理时间。你要学会正确使用电子日历。

首先，确定你每天都更新电子日历，是每一天。记住，安排时间是每日的例行公事，但是更新日历却几乎是每小时的例行公事。还记得安排偶发事件的时间吗？当这个事件发生时，你需要调整日程表，而并不总是刻意遵循你一开始的安排。当你计划好缓冲时间后，意外的发生几率就会减少。

第二，使用这一工作法宝。经常参考你的电子日历。如果没有使用电脑处理其他事情，我就会把电子日历设为桌面主屏。

第三，利用电子程序里的特殊功能。大多数程序会在页面上出现一些小提示，可以提醒你将要进行的活动。你可以为这些小提示设置时间——比如说，提早 10 分钟或 15 分钟。使用这些功能，它们会给你很大的帮助。

✓ 任 务 <<<

使用这个电子日历。经常参考电子日历，做到定期更新，还要使用其中的特殊工具。

　　电子日历对于组织安排时间是非常有帮助的。不要忽略这项技术，它真的很有帮助。

参加外部会议

我们大家都得参加外部会议。这随着现代世界工作空间的发展，而成为必要工作。如果你从没参加过这些会议，那你可真是幸运。

这些会议极为消耗时间。这不仅仅包括会议本身需要的时间，而且还包括准备时间和旅行时间。所以这些会议在时间的消费上是十分挥霍的。

当你不得不参加时，那么就最大限度地利用好这些会议。但是同样还要确定你已经在日历簿上安排好它们，确定为参加会议而两地往返所需要的时间，还要确定你为准备会议安排了适当的时间。

在两地往返的旅途中，你要利用好这段时间处理其他事情，使自己更有效率地使用旅程时间。

✓ 任 务 <<<

谨慎地为外部会议安排计划。安排会议时间、旅行时间，以及准备时间。

! 提 示 <<<

很多次，我观察到我的朋友和同事在时间管理上都有一段危机时期。起因是他们忘记了一场会议，或者是忘记安排旅行时间，又或者是不能计划好会议的准备时间。所以他们最终只得熬夜追赶进度。不要让这个情况发生在你身上。

使干扰最小化：设定办公时间

还记得你读大学的时候吗？我还记得那时，教授们总是在办公时间内安排很有限的几个时间段作为学生课后的访问时间。而且，他们对我们的来访时间还加以限制，这总是让我感到很挫败。直到我毕业后，我才明白他们必须这么做的原因。

这种做法并不是意味着他们不喜欢和学生谈话。而是因为每个学期他们的班上都有一百个或者更多的学生。如果他们允许这些学生随时过来拜访，那么他们就永远也别想完成任何工作了（比如：备课、改卷，等等）。所以每个学期，他们都尽量把所有学生分组，为每一个小组确定一个特定的拜访时间。

他们都很好地管理了他们的时间。而你也需要这么做。在我明白了他们的做法后，我也运用了这个方法。我每天都确定专门的时间段作为来访时间。这个专门的时间表就张贴在我的门上。（是的，我很幸运，我的办公室有一扇门。）我也设法使人们习惯这个做法。除此之外，我将这部分时间安排到日程表中。

现在，我可以控制来客干扰的具体时间。而这段时间我通常安排处理一些管理工作或者优先级较低的工作，所以这些干扰对工作不会产生很大的影响。

⊘任务 <<<

为陆陆续续的访问以及和类似的活动安排专门的办公时间。接着你要公开这些时间，使每个人都明白这个做法。

(!)提示 <<<

这个方法并不简单。老板可不会在意你设定的办公时间，而其他人则会忽略或者遗忘这点要求。但是很多人会尊重你的做法，这样你就可以在你最有工作效率的时间里，最大限度地减少对你的干扰。

第二大时间杀手

第二大时间杀手就是通讯——这是指那些不必要的、没有效率的、浪费时间的通讯。我们与别人交谈，互相收发短信，给彼此发语音消息等，这些通讯行为都花费了我们太多的时间。

而电话聊天是其中最大的时间杀手。在电话中，我们没有组织好我们的语言和话题，所有我们常常在一个话题上漫谈，这种做法实在浪费了太多的时间。在他们拿起电话拨号的时候，多数人没有想好他们到底想要谈些什么。这就导致了非常没有效率的电话谈话，以至于谈话混淆、杂乱、充满误会。在电话中，人们丢失了责任感。

对照下列提到的几个方法，反省你的行为。如果你都没有做到，那么你就需要在打电话前好好思考。在拨通电话前，确定好你想要传达的信息或者你需要做出的决定，做一个简要的记录。使用你的笔记，使自己专注在工作的话题上，那么运用这种方法，你就会发现可以更有效率地使用电话。

✓ 任 务 <<<

当你拨打电话进行信息交换时，你需要获得信息，或者做出决定。在你打电话之前先把你通过电话需要完成的任务写下来。接着，在谈话过程中对照使用你的笔记。

使用这个方法,你将会发现你节约了大量的时间。如果记录通话时间,那么你将会发现,与以前相比,你通常可以节约一半的时间。通过使用这个简单的方法,你同样将获得高效率。

第五章

提取有效的电话信息

有效率地使用呼叫者ID

　　这是一个确实有效的时间节约方法：使用呼叫者ID。如果你的电话系统支持呼叫者ID功能，那就使用这个功能吧。如此一来，你就不需要接听电话，从而节约大量时间。

　　这方法实在是非常简单。把常用联系人的电话号码输入你的电话中。这样，当你接到电话呼叫时，只需要查看是谁打来的电话。如果来电者并不重要，那么就让这通电话转到语音信箱，稍后进行处理。如若不然，那你就需要接听电话。

✓ 任 务 <<<

　　把所有常用联系人的电话号码输入你的电话中。是的，这在一开始需要一些时间，但是在以后，它使你享有很大的电话接听自由。

! 提 示 <<<

　　虽然不是每个人都有使用这种方法的能力。但是当你有这个能力时，呼叫者ID可以使你成为电话的主人，而不是让电话成为你的主人。

接到电话怎么说

更好地管理时间的一个方法就是更有效率地处理你接到的电话呼叫。

我们大多数想要成为，或者已经是，令人愉快的好人。不幸的是，那么做会使我们花费很多时间用于处理电话呼叫。为什么？因为我们得要花费非常多的时间来谈论与来电目的无关的事情。这里是一段电话的节选：

"喂，老李，你最近怎么样啊？小丽最近还好吧？那就好。我听说你们这群人在计划下个月的假期。你们打算去哪儿？哦，原来是那儿，非常棒的地方。我相信你会享受这个假期的。是的，王亮这个夏天要大学毕业了。真不知道他大学毕业之后会怎么样……"等等。接着，"所以，不管如何，我打电话的目的是……"

我听到很多人抱怨没有充足的时间来处理工作，接着我又会听到他们的电话铃声，在电话中，他们都浪费了太多的时间用于这类漫无边际的闲谈，而对于来电目的却关注得太少。

控制住你闲聊的本能欲望，尽力使来电者将话题专注在来电目的上。

　　下一次有人来电并谈到一些个人近况时，不妨试试这个方法："张哥，不好意思我得打断你了，我们哪天有空一起吃午饭时再聊聊这些情况吧。现在我有一项计划的截止日期快要到了，我得要尽快完成。现在有什么事情需要我帮忙吗？"是的，这听起来有一点点的粗鲁，但是它可以使电话内容转回正轨。如此一来，你就可以尽快继续工作了。

! **提 示** <<<

　　记得这点提醒，虽然这个方法可以使你获得一些时间，但是你仍然要维持这些人际关系，所以记得要在以后的午饭时间继续进行这些谈话内容。

打电话怎么说

　　你自己拨打的电话也会带来同样的问题：私人闲谈。控制好私人闲谈，那么你将可以节约时间。

　　但是谈话还是会存在缺乏组织逻辑性的问题。这里是一个例子：

　　"您好，张总，您最近如何？是这样，我想要谈谈关于3月份将要举行的这个会议。是的，我想时间大约是在22号和23号。好的，让我确定一下，请稍等。（停顿）是的，是在22号和23号。我的问题是，是谁安排会议室？哦，我不知道。让我想想，我是不是已经收到这个信息了。"（停顿）当你不得不停下来查看信息以继续进行谈话时，电话中就会出现这种情况。

　　这些查找信息的停顿浪费时间。通过事先找到所有相关信息，为打电话做好准备，事先组织电话语言，并且知道你想获得的资讯，以及你的目的。在组织电话内容时使用一些便笺，将会为你们双方都节约大量的时间。

✓ 任 务 <<<

　　下一次你需要拨打一个类似的电话时，事先准备并熟悉所有相关信息，为电话中需要完成的任务制作一个简单的便笺。

当你使用这种方式进行电话组织时，你将会为你所节约的时间感到惊讶。毕竟，你需要为那些人物准备一场私人会议——所以为什么这不可以是一个电话会议呢？

书面记录电话信息

书面记录电话信息，这个方法听起来似乎并不会节约任何时间，情况果真如此吗？不是的，这个方法可以很有效地帮你节约时间。每天你要进行多少次的电话谈话呢？可是，若干天后，又有哪些人可以记得到底做了什么决定？或者，更糟糕的是，根本不清楚到底曾达成了怎样的共识。这些情况将会浪费很多时间，增加人们的焦虑和担心，因为我们还需要重新矫正谈话内容——比起在每一次电话后，简单记录达成的决定和所得到的信息，前者浪费的时间要多得多。

这个方法确实非常简单。对于每一个你参加的计划或任务，你大概都留有一份文档或记录。在挂上电话之后，做一些书面记录，也许只需要一份便笺簿，主要内容则是关于达成的决定以及相互交换的信息。该记录以手写稿为佳。

随后，将这份记录归档。这样一来，如果其他人忘记谈话内容或者反映的情况有所差异时，就能以这份记录作为凭证了。此时，你就可以根据当初的书面记录，判断当时的具体情况。这份记录为你节约了时间，避免了麻烦。

✓ 任务 <<<

在手头准备一个写字板或者一份小备忘笺，用于记录电话谈话中达成的决定和传达的信息。整齐干净地进行电话记录，当然简洁扼要也是非常重要的。随后把这些记录和与该任务其他相关的书面资料一起归档。

① 提示 <<<

我可以明白地告诉你这个方法到底能起多大的作用。很多次，通过准备一个简单的备忘笺，主要记录内容是关于在电话中达成的决定，这个方法使我避免麻烦，节约时间，减少烦恼。这个方法也可以为你发挥这些作用。

说话比写短笺要快得多

罗伊是一个相当典型的办公室经理。他管理大约 10 个人，并且十分了解自己的工作。但是他喜欢派发短笺！非常非常多的短笺。实际上，罗伊会把短笺只给一个单独的人，而短笺上的内容只有两句话的长度。

我曾经问过罗伊这么做的原因。他说他觉得这样更加合适并且更加正式，他觉得这是经理和其他人沟通的正确方法。我向他建议，如果他进行更多的私人交谈而不是写短笺，那么他实际上将会更有效率。我还告诉他，给职工写短笺比起口头通知会多花费一倍的时间。

他告诉我，我这个想法是错误的（实际上他的表述语气比这句话更加强烈），他就这一点向我发起挑战。我和他打赌，在一个星期中，对写短笺所消耗的时间计时，紧接着，在第二个星期里，对口头通知所消耗的时间计时。如果结果证明我的方法是错误的，他没有因此节约任何时间的话，那么我就请他在一家顶级的牛排馆吃饭。

猜猜看，结果如何？那份牛排套餐没有请成！他同意他以后将会花费大约只需要之前一半的时间进行口头通知，而非写短笺通知员工。

⊘ 任 务 <<<

要说，而不要写。这种方法同时也增加了你和员工之间的
互动。

! 提 示 <<<

如果你想要一份免费牛排套餐的话，那么就不要在这个问题上和
我打赌，哪种方法需要的时间更多——是写，还是说？

第六章

处理好电子邮件

处理书面邮件

　　每天都会有一两次，多数组织会突然接收到邮件。同样地，它们也以这种方式被送达给你。但是，我们察觉到，非常多的情况是这样的，一旦邮件到达，我们就不得不停下工作处理邮件。为什么？邮件往往需要经过一两天的时间才能送达给我们，所以它们不可能是非常及时的。

　　但是我们大多数人都有这个冲动，我们总是想要尽快拆阅信件，即使它打断了我们手头的活动，干扰了我们的注意力，浪费了我们的时间。

　　不要让这些定时递送的信件支配你的生活习惯和工作习惯。当邮件送达时，就随它放在那里，直到你有时间来处理它。更好的方法是，安排一个专门的时间处理这些邮件。你知道邮件每天在什么时间送到，所以就每天安排一段时间，在那个时间段拆阅以及处理邮件。我们并不需要在收到邮件时就立刻进行处理。

✓ 任务 <<<

　　把这些邮件放在一边，直到一天结束。当你已经完成当天所有的任务，或者已完成到所需进度后，你才可以处理这些邮件。这是一个很好的结束一天的方式。并且，如果邮件里有任何需要处理的工作，那么你也可以在第二天为它们安排时间。运用这种方式，邮件就不会干扰你一天的工作了。

(!)提 示 <<<

　　不要让邮件干扰和支配你的时间。成为邮件的主人——不要让它成为你的主人。

处理电子邮件：在什么时间

电子邮件实在是一件神奇的东西。它成为我们进行沟通交流的一件重要的工具。但是，与此同时，这也会带来巨大的时间浪费。

我们都会收到很多的电子邮件。控制这个电子邮件流的一种方法就是控制你查看它们的时间。大多数与电子邮件有关的软件，包括微软邮件收发软件（Microsoft Outlook），可以使你控制程序收发电子邮件信息的频率。除此之外，它还使你设置一个提示信息，当收到新的电子邮件之时，这个信息就会出现在屏幕上。

控制这个干扰因素，因为提示信息也会打扰到你。这个突然出现在屏幕上的提示信息，会分散你的注意力。这里介绍三个应对方法：

1. 关掉信息提示功能，这样它就不会随时干扰你。

2. 设置这个软件，使其查收新的电子邮件的间隔时间更长。不是 15 分钟，而是把它设置为 30 分钟，或者 45 分钟，又或者更长的时间。

3. 集中处理电子邮件。

✓ 任 务 <<<

接受这其中一个或者全部的建议。如果你不清楚具体做法，那么就请参考软件里的帮助功能。

(!) 提 示 <<<

　　虽然这个方法并不会节约一段集中可观的时间，但是减少干扰可以轻松地帮你在一天中节约5到10分钟。结合本书一些其他的方法，你就能够节约一部分重要的工作时间了。

处理电子邮件：简洁

我们大多数人在一天中都会经常书写电子邮件。节约时间的一种方法就是要明白电子邮件只是信息沟通的一种方法。长信息有时并不如短信息有效，而且会消耗更多的时间。

撰写简明扼要的电子邮件。它们的阅读方式与书信或短笺不同。如果是以那种方式阅读的话，你就应该使用书信或短笺，而不是一封电子邮件。

试着去鼓励其他人也尽量做到简明扼要。更有效，更充分，这对于电子邮件来说是非常重要的。

✓ **任 务** <<<

试着撰写更简短的电子邮件。在屏幕上制作一个提示，提醒你"更少，更好。"

! **提 示** <<<

正如和这里的大多数方法一样，这个办法并不会节约大量的时间。但是和其他与处理电子邮件有关的方法结合在一起，它一天就可以轻易地帮你节约 30 分钟。

处理电子邮件：文件

很多次每当我帮人们进行工作组织的时候，我发现他们电子邮箱里至少有900条或者更多的电子邮件。他们找不到任何需要的信息。即使当他们仔细寻找或者拣选后找到了这封邮件，这个过程也是非常浪费时间。

管理电子邮件的最好方法就是，不管是为了什么理由，你都要为它们建立文件夹。所有的电子邮件管理程序都可以帮助你做到这一点。选择最适合你的文件归档系统，可以是个人型的，可以是部门型的，可以是工程型的，也可以是……选择权在你的手里。在你的电子邮箱里，建立电子邮件文件夹。那么你就可以把已读邮件或者已回复的邮件归纳在相应的文件夹里。接着，当你需要某封邮件时，你就可以迅速地在相应文件夹中找到了。如果有需要的话，你也可以使用同样的方式处理已发送邮件。

✓任务 <<<

判断哪种文件归档系统（标签）对你的效果最好。然后，为你收到（或将要收到）的电子邮件建立一套文件档案。建立并经常使用这个系统。

(!) 提 示 <<<

　　建立这个系统只需要使用少量的额外时间。但是这个系统一旦建立之后，这个归纳整理的过程将会是便于使用的。当下次你需要寻找某个邮件时，你就会感到非常庆幸了。

处理电子邮件：与垃圾邮件作战

在现代社会，垃圾邮件已经成为使用电子设备的一大毒瘤了。我们收到的很多电子邮件都是垃圾邮件，或者是兜售信息，又或者是其他销售广告。有些人超过半数的邮件都是垃圾邮件。但是这里有很多与这些讨厌的东西作战的战术。

首先，确定你的网络管理员有一套系统来屏蔽已知的垃圾邮件。其次，当你确定垃圾邮件时，设置你的电子邮件管理程序，把任何其他来自同一地址的信息都设定为垃圾邮件，并且自动把它们放在兜售信息或垃圾邮件的文件夹里。

最后确定在你的电脑里正在运行一套反病毒程序。这些反病毒程序大多数具有保护和清除垃圾邮件的功能，你可以使用这个功能来帮助你删除那些信息。

⊘ 任 务 <<<

如果在你的电脑里还没有开始运行一套反病毒程序，比如诺顿（Norton），那么就添加一个，或者和你的网络管理员商量尽快添加反病毒程序。接着，记得要一直对垃圾邮件进行确定，这样你的应用程序将可以定期屏蔽那些信息。

你需要安排时间来实施这些所有的建议，但是这会是值得的。因为运用这一方法后，你不必再为这些垃圾邮件浪费时间，那么在一天里你就可以节约另外的 5 至 10 分钟。

电子邮件：整理你的文件夹

当我在收件箱里建立文件夹，并在邮件收发系统（Outlook，我的电子邮件应用软件）建立文档后，我发现我有很多这类文件夹。浏览这张列表的活动开始浪费时间了。接着，我想出了一个很简单的解决办法：就是把最常用文件夹——就是我收发信息次数最多的那个文件夹——放到这张列表的上端。

这使得归档信息的过程变得简单快速。当然，偶尔我需要根据项目的目前情况进行调整，但是这与之前相比，相对比较简单。

✓ 任 务 <<<

整理你的文件夹，把最常用的文件夹放在列表的顶端，把用到相对较少的那些文件夹安排在底部。当情况发生变化时及时进行调整。

！提 示 <<<

仅仅这么一个简单的措施就使我每次查收电子邮件时都节约了1分钟。因为我每天大约要查收10次邮件，运用这一有效的文件组织方式，我估计每天我大概节约了10分钟。你也将会发现这一效果。这里一点儿时间，那里一点儿时间，加起来就可以节约非常多的时间。

电子邮件：写好清楚明确的主题栏

写好清楚明确的主题栏与节约时间之间有什么关系呢？

回想有多少次你所收到的邮件主题是有这样的：小部件项目（或其他）？在电子邮件里是什么内容呢？我们需要做什么吗？还是这封邮件只是传达信息？你是直接收件人，或者你收到的只不过是副本？你无法从一个如此简要的主题里推测足够的情况。

举例来说，"请尽快对小部件项目做出决策""关于小部件项目的新信息"以及"更新小部件项目"等类型的主题栏是则是直截了当，并且，当你需要它们的时候，你就可以更快地做出回应或者采取行动。这么做可以使你的行动不至于太分散。

⊘ **任　务** <<<

集中注意力为电子邮件写好清楚明确的主题栏。鼓励其他人也运用这一方法；那么你们双方都可以节约时间。

⚠ **提　示** <<<

在这方面，节约时间的基础就是快速回复。如此，你就可以更有效率地处理计划和任务。更有效率＝更少时间。

114

复制和粘贴是你的两大有力助手

现代电脑是非常神奇的。它们给我们提供了许多节约时间的有效工具。其中最棒的一种方式同样也最简单：复制和粘贴。就算你以前并不知道这个方法，你仍然会从一份文档中复制文本，然后把它粘贴到另一份文档中。好的，你是知道怎么做的。

你知道吗？不论你使用哪一种程序或者应用软件，你依然可以使用这个功能。你可以从一份电子数据表中复制资料或文本，然后把它粘贴到一份文字处理文件中。

同样地，你也可以把网页以及电子邮件中的内容复制到文字处理文档中。只要你是在电子资料里拥有的信息，你就不需要再重新输入了。只需要进行复制和粘贴就足够了。

⊘ **任 务 <<<**

查看你正在使用的各种程序里关于复制和粘贴这两大工具使用方法的介绍（使用帮助功能）。

! **提 示 <<<**

一个注意事项：记得要重新检查你复制的文本，以防不小心遗漏掉任何标点符号。

第七章

用新技术、新设备节省时间

使新技术可以真正地为你节约时间——而不是浪费

我们现在看到的所有新技术都是为了使我们在生活中可以更好地节约自己的时间。不幸的是，它们不是全部都能准确地做到这一点要求。有些设备需要大量的准备活动才可以发挥我们需要的功效，其他的有些设备则需要随时维护。但是，还有一些设备，很多这类设备，看起来从来没有实现节约时间的承诺。

我有一个同事，他是一个典型的"早期试用者"。如果这是一项新技术产品，那么他就会立即购买。他总是在寻找新式的所谓"节约时间"的设备。不幸的是，大多数的时候，都让他失望了。因为，虽然这些技术是创新的并且很有趣，它们并不能真正地帮他节约任何时间。但是他没有被吓住，他依然如此，一旦发现下一个新设备，他就迫不及待地购买。

警惕这种"低级品位礼物"综合症。这种认为所有新技术都可以节约时间和金钱的想法很简单就能被证明是错误的。有一些设备确实是有用。当它们可以起作用时，就接受这些技术吧。但是我们要等到它们证明自己的价值之后。

✓ 任务 <<<

抵制这一购买最新、最优产品的冲动。在你采取行动之前，先要等待，直到这些技术成为主流，证明自己确实是有效的时间节约工具。

⚠ 提 示 <<<

记得：你所节约的时间终将是属于你自己的。所以让其他人来摸索什么技术真正有效，什么技术根本没用。

及时更新软件

　　最简单并最有效的节约时间的一种方法就是确保你的软件是最新的。使用老旧的软件的确会浪费你的时间。如果你需要转换到不同的文档模式时，却仍然在电脑里使用一个过时的操作系统，或者是使用一个第二、三代的应用程序版本，那么你就很可能在浪费你自己的时间。

　　大多数最新的应用程序可以做两件事：它们增添了软件的功能，而且加快了速度，并使其更易于操作。这最后一项功能应该是你最渴望的吧。当用户不停地告诉程序更新人员需要的功能后，那么易于操作就会是程序最普通的特点了。所以，程序更新人员找到了一个方法向用户提供需要的功能。每一套新的版本都拥有更多的功能，更易于操作，并且，还减少了完成部分普通功能所需要的时间。

✓ 任务 <<<

　　经常检查你所使用的软件是否已经过时。如果你使用的是老旧的应用程序，那么就去查找新的版本。你会发现，新的程序一般包含了使用常用功能快捷方式的新方法，这将会节约你的时间。所以，如果有需要就更新软件吧。

不是每一次更新都会是一个有价值的时间节约方法。但是，如果你不研究摸索，你就不会知道效果。即使在几个经常性行为中你只节约了几秒钟，但是，既然这些是经常性的，那么你就是一直在进行这些行为，几秒钟乘以一天中的无数次，那么加起来就会是很多的时间。

保持电脑桌面的整洁

刘杰是我的一个同事，他大部分的工作都在电脑上完成。他有一个很大的显示屏——27寸！真希望我也有一个这么大的。但是我总是感到非常震惊，刘杰竟然真的可以在他的电脑里找到需要的东西。他的电脑桌面，这个你用来放置程序图标和常用文件的电子桌面是彻底地塞满了各种东西。非常彻底！

这个27寸显示屏的每一个角落都塞满了文件的图标——大多数是资料文件，而不是应用程序。把图标放在桌面上是为了便捷，以及便于进行修改，而不是用于普通的保存。但是，他的情况却不是如此，刘杰把每一件正在处理的、已经完成的，或者明显将要完成的文件都塞在桌面上。如此，他就不能找到任何一样需要的东西！我曾经见识过，他为了寻找刚刚正在处理的那份文件，整整用了两分钟才能找到桌面上正确的那个图标。多么浪费时间啊！

使你的电脑桌面保持整洁。把软件图标以及正在处理的相关文件放在电脑桌面上，把其他的资料放到"我的文档"中相应的文件夹中。这样，你就可以迅捷地找到需要的东西了。

✓ 任务 <<<

查看你的电脑桌面。清理掉堆积起来的文件，它们会使你难以找到需要的资料。接着，每周定期整理。

！提 示 <<<

　　不要像刘杰这样做。每一天他都得要浪费5至6分钟来寻找那些就在他眼前的东西！

建立一个清楚的文件系统

使你的电脑文件井井有条，这和组织有条理的书面文件夹同样重要。如果你想要迅速而轻松地找到文件，那么你就需要一个清楚的文件系统。不管是在个人电脑上还是在一台苹果机上，电脑文件都应存放在文件夹里。而想办法使你的文件夹具有逻辑层次性，这将会使所有的难题变得简单，而且使用起来更加便捷。

做到这一点要求的最简单方法就是建立工程文件夹。这就是为主要的工程、任务、委托人、顾客等所建立的分门别类文件夹。在每一个文件夹里，你要为具体工程的活动建立专门文件夹。

你应该对你的文件夹采取类似的措施，如此你就可以更方便地找到并使用这些文件。

✓任务 <<<

检查你现在的文件系统——或者你根本还没有建立这么一个系统。重新以一种有逻辑性的方式进行组织，这样你就可以快速而便捷地找到文件了。继续保持那个系统，你就可以在寻找和打开电脑文件方面节约更多的时间。

使用一个良好、有逻辑性的文件系统，你一天就可以轻易地节约 5
到 6 分钟。那么一个星期就是 25 分钟——一个月就超过 3 个小时。

确定你的电脑运行正常

　　电脑都应该是快速运转的，而不该是又笨拙又缓慢。如果你有一台运行缓慢的旧电脑，那么现在就到了换一台又新又快的电脑的时候了。现代的电脑，即使是不昂贵的那种，速度也是非常快的。但是我们依然会在电脑里面堆满垃圾文件，减慢它们的速度。如此一来，电脑就会浪费我们的时间，而不是节约时间。

　　确定你的电脑运行是否最有效率的有效方法就是（在个人电脑上）经常运行"硬盘检测工具"功能和"碎片整理"功能。硬盘检测工具将会清理掉旧文件，比如说临时文件。而碎片整理将会重新组织你的硬盘驱动器，使其以最为适宜的途径访问你最常用的应用程序和文件。如果你不清楚要怎么运行这些功能（Windows 的一部分），那么就请使用帮助功能。

　　苹果机的用户可以使用该系统里的硬盘效用，遵循急救和修补硬盘功能的指示。大多数苹果机的用户还可以使用磁盘工具来管理电脑，提高效率。

　　制作一份时刻表，每月一次运行"硬盘检测工具"功能和"碎片整理"功能。这只花费少量时间，所以你可以在一个周末或者晚上完成这件事。

✓ 任 务 <<<

制作一份时刻表，每月一次运行"硬盘检测工具"功能和"碎片整理"功能。这只花费少量时间，所以你可以在一个周末或者晚上完成这件事。

! 提 示 <<<

经过几个月的使用后，硬盘又会变得混乱。只需运行"碎片整理"功能，就可以极大地提高访问文件和应用程序的速度，节约时间。

确定你的网络连接运行速度正常

现代社会，我们都在网络上处理事项。有些人简直不能想象没有电脑的生活。尽管这一发明普及还不到 20 年。但是电脑已经成为一项非常重要的沟通工具，使今天的我们可以最大限度地从中获得帮助。

网络连接速度是极其重要的——不仅是为了电子邮件及其附件，而且还为了以商业目的进行的网站访问。今天的网站设计可以承载合理的访问速度。如果你一直是普通宽带上网，那么 580KBs 的速度在今天是很没有效率的。

当网页装载或者带附件的电子邮件下载缓慢时，你不应该只坐在电脑前，一筹莫展。一个高网速（被称为光纤宽带）的连接是当今社会的必备品。近来，这些网络连接的价格快速下跌，利用这一点为电脑配置高速的带宽。当你可以几乎在一瞬间就把文件下载到电脑中时，你就节约了时间。

◯✓ 任务 <<<

寻找一个最好的宽带连接方式：光纤上网。如果你已经有光纤了，那么这就已经是最快，最简单的设施了。如若不然，那么你的电话公司很可能会以一个合理的价位提供宽带拨号上网连接（但是有点儿慢）。

!提示 <<<

使用一个较低的网宽（慢的网速）连接，你会浪费很多时间：等待网页加载，等待附件下载……使用光纤上网以节约时间。

病毒保护：不是只有一个选择

现在外界有很多阴险而下流的小人伺机入侵你的电脑。某一天任由病毒入侵电脑，那么你在接下来许多天里都不能正常开展工作，更别说多么浪费时间了。

所以请立即安装一个反病毒软件。你可以在网络上找到这些反病毒软件，甚至还可以使用电子商业系统进行下载。

✓ 任 务 <<<

如果你已经拥有一个反病毒软件并正在运行，那非常棒。确保你的升级补丁是最新的。如果不是的话，那么你就要尽快寻找一个最新软件。

! 提 示 <<<

你的电脑是否会遭到病毒袭击，这一点并不重要，重要的是，这发生在什么时候。没有反病毒软件的保护，就贸贸然就在网络上进行电脑操作，就好像是开车没有系上安全带。

哪些人知道你的手机号码？

你是不是把你的手机号码给了所有人？如果真是这样的话，你同时就赋予他们偷取你时间的特权。他们会不停地在各种不方便的时刻给你打电话，而在那个时间里，你通常几乎都没时间接听电话。

一个很好的商业惯例就是只把手机号码告诉那些重要人物。不要允许任何人都给你打电话。控制住那些电话联系你的人的数量。

✓ 任 务 <<<

查看你的联系录，是哪些人知道你的手机号码？不要把电话号码给每一个人，着手限制他们的人数，这样你就可以更好地管理你的电话了，不至于任何人都可能给你打电话。没有其他更有效的方法。

! 提 示 <<<

当你需要专注于某项任务时，不时地接听那些你本不必要理会的电话，会使你浪费很多时间。你应该支配你的手机，而不是把控制权让给别人。

手机：设定为静音状态

科幻小说里常有控制时间的情节，是否真有时间机器的存在？我们真的能冻结时间吗？当然，我们都经历了这种时刻，希望能拥有一台时光机，脱离这个困境。

但是，事实上，控制时间的最佳方法之一是控制接听手机电话的时间。如果你把铃声设为很响的电话铃或者音乐，那么手机铃声就会一直持续，干扰你的工作，或者可能是其他事情。一个简单的答案就是将它设定为"静音"或者震动状态。手机震动只是被感觉到。比起电话铃来说，它们相对容易被忽略。

运用这一方法，你可以根据当时的具体情况，选择是否接听电话。如果你正在参加一个重要会议，那么就忽略这通电话。如果你想要专注在某项重要任务上，那么就忽略这通电话。如果你是在内科医师的候诊室里，那么就接听电话吧。当你选择忽略时，电话就会转移到语音信箱中，你可以稍后查收——选择一个对你更便利的时间。

✓ 任务 <<<

把你的手机设定为震动或者"静音"状态。习惯性使手机处于这个状态，除非你需要等一通电话。如果你很忙，那么就让电话转移到语音信箱，并且忽略手机的震动提示。你要专注于手头上的这个任务。

　　手机是非常奇妙的，而我就是一个狂热的爱好者。但是我要控制接听电话的时间，而不是把这个支配权留给呼叫者。如果你选择立即接听每一通电话，那么这就会轻易地打断你当天的状态。而干扰就会浪费时间。

要蓝牙，还是不要蓝牙

所以，什么是蓝牙？这是一个无线协议，使电子设备之间可以相互传输数据。你每天都可以看到，有些人戴着耳机到处走动，看起来仿佛在自言自语。他们就是使用带蓝牙功能的耳机，使其连接到手机上，这样他们就不需要拿着手机（这在腰包里）拨打或者接听电话了，并且他们的双手就可以空闲出来。

蓝牙是手机的一个非常奇妙的功能，它可以使你清楚而有效率地进行沟通，同时你的双手就可以空闲出来做很多事情：开车，使用电脑，做笔记，等等。如果你要处理很多这一类的工作，那么蓝牙耳机就非常适合你。

✓ 任 务 <<<

如果你需要处理很多与手机有关的事情，那么就充分利用手机的蓝牙功能。在讲电话的同时，你可以拥有更多的自由处理其他事情，以这种方式，蓝牙耳机就节约了你的时间。

! 提 示 <<<

要记得这点：尽管这些设备可以节约时间，而且很便利，但是当你谈话时，你还是需要留意周围的其他人。

拥有一台属于你自己的打印机

我对花费的时间做了研究，计算为了取得打印的材料而往返打印机所花费的时间。我用一个星期作调查，发现仅仅上下楼梯来到大厅里就花费了半个多小时。这还不包括每次在路上偶遇他人时的谈话时间。

接着我调查了打印机的价格。使我惊讶的是，我发现一台普通喷墨打印机只要几百块钱就可以拥有了（是的，我马上买了一台）。这样我每个月可以节约两个小时的有效工作时间。

⊘ 任 务 <<<

你可以亲自做分析。如果你也发现是同样的结果，那么就利用这些数据资料劝服你的老板给你配备一台普通喷墨打印机吧。

⚠ 提 示 <<<

这一方法不仅可以真正地节约时间，而且不会因此而打断一天的工作，这样我就可以继续专注在任务上，而不是在大厅里徘徊。后者显然是不明智的。

参加电脑培训以使工作更有效率

如果你真的想要最大限度地利用电脑设备，那么你就需要学习更多的电脑知识。我们很多人都是自学成才的，自学的同时，我们真正得到的往往是最基础的知识。我曾经和一个电脑培训师聊过。他告诉我，大多数人所了解的电脑使用方法还不到该软件功能的25%！

很多的应用程序都有许多节约时间和节省工作的功能。但是我们中的大多数都不知道它们的存在，更不要说去使用这些功能了。我赞成参加电脑培训。利用软件知识武装自己，我们就可以更有能力——但并不是专家。拥有专业知识可以使我们更有能力，更有效率。除此之外，是的，还可以节约时间。

✓ 任 务 <<<

找出一种或者两种在工作中使用率最高的程序。评估你使用那些软件的能力，随后参加专业的电脑培训来提高你利用它们的能力。

⚠ 提 示 <<<

运用这种方法，你可以在长远时期里节约时间。你会变得更有效率、更有能力。你可以获得足够多的知识，这也许会带来下一次的晋升。

第八章

组织高效率的会议

第三大时间杀手

第三大时间杀手就是会议。这就是我们都如此讨厌会议的原因。你参加过那种会议吗？它本来只需要 15 分钟就可以结束，可是，因为组织混乱，会议进行了一个小时。原因很多：与会者迟到，会议流程不紧凑，等等。

所以我们努力避开这些会议，但是又无法彻底隔离。我了解到，在每一个商业活动或者组织里，会议几乎都是绝对必要的。所以我们是避开这些会议，还是使会议更有效率呢？因为会议是必不可少的，所以我们就需要下定决心，使会议更有效率，尽量减少浪费时间的现象。

✓ 任 务 <<<

当会议开始浪费时间时，下定决心在今天已经成为解决办法的一部分了，而不是问题的一部分。

① 提 示 <<<

由某大学组织的一个研究项目表明，会议中 50％ 的时间都是浪费掉的。我们必须控制好这一现象。

会议不可避免——但可以更有效率

会议的基本问题就是极其缺乏效率。这是浪费这么多时间的原因。但是，为了使会议更有效率，我们可以做很多事情。

怎样才可以做到有效率呢？首先，要做好适当的时间流程安排。这需要使用议程表，对各个方面进行事先的计划，以及良好的个人和小团体的沟通技巧。通过适合的准备和阐述你所进行的准备，你可以帮助组织在会议中获得更好的效率。

如果没有提供议事日程的话，那么你就去寻找一份。如果议事日程没有限制时间，那么你就在会议开始时提出这个问题。

阅读一些提高会议组织能力的资料。

通过模拟一场优秀会议的准备流程和方法，带领你的团队进行更有效率的安排。

✓ 任务 <<<

确立目标，成为更优秀的会议参与者。

! 提示 <<<

着手消除那 50% 浪费时间的唯一办法就是由你开始做起。那么其他人就会跟随你的做法。

会议时间——安排在何时效果最佳

选择合适的会议时间是进行有效会议的第一步。如果会议安排在工作日中最繁忙的时间，那么我们就不需要对人们的缺席、迟到以及没有准备等情况感到惊讶了。因为他们正专注于其他任务呢。

那么会议的最佳时间是什么时候呢？好的，那通常取决于具体情况，但是这里介绍一些普遍的原则。

普遍认为，一天的开始是开会的好时间。尽管这有悖于直觉，但是有一些很重要的原因支持这一做法。首先，因为一天刚刚开始，人们还没有着手处理日常的工作或者问题。其次，人们在早晨头脑较清醒，更警觉，可以更好地吸收新的信息或做出决定。再次，这个时间可以使人们为会议做更充分的准备，不管是在前一天晚上，还是在会议开始之前的清晨。

另一个很好的时间就是午饭刚刚结束后。这段时间并不像早晨那么好，但是在午饭后，人们通常从工作休息中恢复了精力，已经为新任务做好准备。

根据大多数专家的说法，最糟糕的时间是在一天的结束。那时，人们已经很疲倦了，试图结束一天的工作，不愿意再处理其他会占用下班时间的事情了。会议中，他们很可能一直走神。他们并不愿参加安排在这个时间的会议。

✓ 任 务 <<<

如果是你安排会议时间，那么就安排在一大早。如果做不到这一点的话，那么就尽量使这安排影响其他人，使他们可以在这一天里做得更好，可以更有效率地利用时间。

! 提 示 <<<

实践证明，仅仅改变会议的时间就可以提高会议的效率和小组的参与成效。

设定会议的时间限制

没有时间限制的会议偷取每一个与会者的时间，因为这样的会议没有效率。不幸的是，大多数的会议都没有附加时间限制。

每一个会议都应该有一个时间限制。什么样的限制则具体取决于小组的工作量以及有效完成工作的合理预期时间。不管是会议组织者，还是小组本身都应该为会议设定一个时间限制。

如果你所参加的会议没有时间限制，那么就建议小组在会议开始时确定一个，或者建议组织者在事先确定一个时间限制。如果是你组织会议的话，那么就尽量准确地估计完成这项会议的合理时间，并设定小组工作的完成时间。

✓ 任 务 <<<

确定会议所需的合理时间，并且建议把这个时间作为限制。

ⓘ 提 示 <<<

在过去几年中，我组织了很多次会议，我发现设定限制时间往往可以带来高生产率和效率，而且还可以在合理的时间实现小组的工作，不至于浪费时间。比起那些没有时间限制的会议，这花费更少的时间。

安排会议的议程

无论是什么会议，最大的敌人都是缺乏一份议程表。当然，议程表就是一份单子，上面按逻辑次序排列着小组在会议期间需要完成的各项话题或任务。每个人都有一份副本，如此，他们就可以专注在各自的任务上。

一份议程表的一个显著优点就是，它使所有与会者都专注在任务上，不需再讨论不列人议事表上的各事项，这减少了时间浪费。会议上造成时间浪费一个重要原因就是，针对小组没有准备的某个事项，开展某些人员的讨论/谈话。这通常只包括小部分的人，那么小组里的其他人就只能在浪费时间。会议表就可以使每一个人都专注在会议的每一个话题上。

✓ 任 务 <<<

在每一个会议中，都使用或者鼓励使用议程表。

! 提 示 <<<

在其他研究中，这所大学的一项研究表明，使用议程表确实可以缩短会议时间多达 25%。

使用这份议程表——为各个环节安排时间

使用议程表，更有效的一个方法就是为议程表上的各个环节安排时间限制。每一个行动都应该设置固定的处理时限。

这种方式使每一个人都专注在任务上。而且它还使小组的各个活动安排只限制在固定的时间内。如此一来，你就不至于在会议进行到议程表的末尾时，发现还有其他的项目不能及时讨论或者完成。

这份议事表的设计者应该为每一个环节确定限制时间。而随后，主持会议的人就有责任使讨论准时地按计划进行。

✓ 任 务 <<<

确定议事表上的每一个项目都设置了限制时间。如果是由你制作这份议程表，那么你就运用这个方法吧。

① 提 示 <<<

会议最糟糕的一个结果就是某些项目没有达成任何决定。通常人们指望着这些决定以进行后续工作。为议程表的每一个项目都安排时间限制，使会议更有效率，减少时间浪费，使所有工作都可以及时完成。

事先分发这份议程表

　　这听起来好像是我在告诫唱诗班都得有一份乐谱。但是没有事先给每一个与会者分发议程表，就好像是老师在教授知识之前就让学生进行测验。如果与会者至少在两天前就已经获得议事表的话，那么他们就可以为其中的项目或信息进行准备。这可以使时间得到最大限度的利用，并且使工作富有效率。

　　另外，这种方法还使会议更有效率并更有成效。如果你曾参加过这样的会议，议程表是在会议开始时进行第一次的发放的，那么你就会知道那些会议是多么的冗长而缺乏效率。

✓ 任 务 <<<

　　确定你参与的所有会议都至少在会议开始前两天就已经分发了议程表。如果不是由你组织会议，那么事先要求获得一份议程表。劝说会议组织者尽早将这份议程表完成。

! 提 示 <<<

　　再一次地，这所大学的研究有力地表明，提早两天分发会议的议程表可以缩短会议时间长达25%。

提高主持会议的能力

如果是由你领导小组，主持会议，那么你就需要参加提高主持会议能力的相关培训。我们有很多资源。联系人力资源办公室，培训办公室，甚至是你的主管。如果你遵循这一指导，那么就着手寻找由当地协会发起的项目，由管理培训公司组织的当地执行训练项目，或者可以是从退休的经理主管人员那儿获得一些训练。

不要在没有正确方法的指导下就试图去做那些事情。小小的训练可以带来更高的效率——以及更好的成果。

✓ 任 务 <<<

考虑在领导小组会议方面你该如何参加一些额外的培训和教育。利用这些训练提高你的能力。

! 提 示 <<<

记住：你不是生下来就拥有这些技能的，而且很有可能你在学校里也不会学到这些知识。这些都是有学问的技能，所以就去参加一些培训，正如我乡下的堂兄所说的那样，不懂就学。

提高小组成员参与会议的能力

好的，你已经参加了一些训练，但是你的小组成员们也需要一些培训。同样地，没人会给他们提供一份加强会议参与能力的训练。

所以，你可以让你的会议小组参加相关训练，也可以由你本人参加训练然后再转达给小组。他们对这方面的知识了解得越多，会议就会进行得越顺利，流程也就会更快捷，成果也就会更优秀。

✓ 任务 <<<

仔细调查，寻找一个训练或培训的机会，甚至可以是很简单的特训，提高小组成员参与会议的能力。

! 提示 <<<

不要为了在节约时间方面所花费的研究时间而忧心。为你的小组寻找一些训练或者培训。

只参加必须出席的会议

如果你的情况同我一样，那么你也会受邀参加很多会议。我多次参加组织委员会，并且每星期至少要参加三个团队会议。天哪！这使我失去了很多用于完成主要任务的时间！

我通过事先查看议程表，判断是否真的需要出席那场会议。我以这种方式来防止这类的时间浪费。有些时候，我发现小组会谈到一些我无法帮得上忙的话题。有些时候，会议不是为了达成决定，而仅仅是为了分享信息，而在这类会议上，我知道在会后，将有一份会议的书面记录。

在这些情况下，我有时就会选择不出席会议。我会有礼貌地告知会议组织者。如果会议确实讨论值得思考的某个话题，我还是会与他分享所有观点。以这种方式，我节约了时间，将精力集中在任务上。

不要为了选择参加哪场会议而忧心。你很可能已经明白，不是所有的会议都有必要，或者一定会出成果。你需要去参加真正有意义的会议，而不是挥霍时间，利用这些时间你可以处理其他任务。

⊘**任 务** <<<

对每一场会议都要有判断力。为是否参加会议做出明智的选择。有些时候，这取决于你的工作量，有些时候，则取决于会议的话题或者其他项目。但是，务必要对选择参加哪场会议做好决定，节约你的时间。

(!) 提 示 <<<

　　在一场无用会议上花费的一个半小时，可能正好是你提出下一个重要想法所需要的时间。

第九章

学会保护自己的时间

最大的时间杀手

最大的时间杀手，就是其他人对时间的偷取！

这种说法是正确的。这里有太多机会允许其他人从你的生活中偷取属于你的时间。访客、电话、会议、电子邮件、办公电话——任何一个工作日，都有无数种的可能，使人们以各种各样、潜在的时间浪费方式来干扰你。

人们从你身上盗取属于你的时间。而且甚至你经常没有意识到这一问题。你必须控制你的工作环境和时间。不要让其他人偷取你的时间。解决这个问题的最简单方式就是控制其他人的来访。

✓任务 <<<

通过控制其他人跟你之间的人际互动机会，控制时间的使用。一旦你运用这一方法，那么随后几章的所有方法都将会对你有效。

！提示 <<<

控制你的时间，减少或者消除这一时间杀手。如此，在每一个星期你都能够节约好几个小时。

让别人理解你的工作方式

我们每一个人都有特定的工作风格，这是我们觉得最有效，感觉最舒服的一种方式。有些人喜欢利用每一天的开头数个小时，他们在没有干扰的情况下，集中注意力进行工作；其他一些人则喜欢用下午的后半段时间，集中有效地处理工作；还有一些人对于一整天的干扰都非常适应。

关键是，判断哪一个是你最佳的，最有效率的工作日程，接着就此与他人进行沟通。大学教授可谓是一个典型。要知道，每一周他们都在空闲的时段，安排固定的办公时间，处理学生的来访。在其他的一些时间里，他们没空——他们要做研究，批改试卷，写论文，等等。

判断对你而言工作效率最好的那种系统，接着在你的门外或者小隔间外，张贴一份办公日程表。使用这种沟通方式来帮你控制他人对你的来访，那么随后你就可以拥有属于自己的工作时间，提高你的工作效率。

✓ 任 务 <<<

根据每一天的具体情况，判断你最佳的工作日程。研究你必须参加的每一个会议，接着就此与其他人进行沟通。有时候，最好的方法就是，简单地将一份日程表挂到你办公室的外面。

(!) 提 示 <<<

　　你可能会对这一结果感到惊讶，仅仅通过安排有效时间，你就可以节约这么多的时间。

适应你的老板

让我们面对这一事实：老板是管理者。他主导这些活动。所以，如果你企图使老板适应你的工作模式或者日程表，那么，你是不会达到预期目标的。最有效率的方法就是和老板一起工作，适应你的老板。

找出你的老板喜欢的交流方式，以此为据进行调整。这么多年以来，我有很多不同类型的老板。我所选择的方法仅仅就是调整我的状态，适应他们。有些人不喜欢在会议之外进行交流。好的。那么我就拥有了很多的自由来掌控我的日程表。有些人则偏好任意来访我的小隔间，带来一些信息，或者是命令，又或者是问题。没关系。除此之外，还有很多各种不同类型的老板。

我一直在适应老板的风格。试图使老板适应你的工作模式或者日程表，就好比是参加一场失败率极大的战役。与之相比，适应你的老板会更容易也更有效率。如果老板喜欢用备忘录查看信息，那么我就将信息写在备忘录上。如果他只喜欢在会议上分享信息，好的，那么我就一直等到开例会的时候。如果他只想要你亲自来到他的办公室，沟通所有的事情，并告诉他那些信息，好的——那我就这么做。

发现你老板的工作风格，并且使你的方法适应它。你会发现一旦你运用这一方法，你就将会变得更有工作效率，实际上，还可以节约时间。

! 提 示 <<<

如果你试图使老板适应你的工作风格，那么你的工作只会变得没有效率，浪费时间，并且——最后——失败。老板就是老板。适应他们吧。

找一个指导者或者教练

我们大多数人在所经历的一生中都在不停地学习。而我们通常在那些生命中的重要人物身上学到最多，不管是私人的还是职业上的。我的好朋友李成明，他曾经这么告诉我，在生命里，他所学到的大多数使他走向成功的关键，都是来自于一个特殊的人，他曾经多年与这个人在一起工作。刘英杰就是这位富有经验而又可靠的指导者。

为了在办公室里对你自己进行更好的组织安排，最佳方法之一就是去找一个指导者（或者教练，如果你想要使用那个词的话）。寻找某个懂得业务的人，他知道怎样进行成功的操作。更重要的是，他愿意和你一起工作，帮助你，使你变得更有工作能力，更有效率，并且更富有成效，使你更好地利用时间。

找一个受人尊重的人。你喜欢这个人，并且你们能够在一起和谐工作，同时，他显然是一个非常成功的人。这个人并不是一定需要在你的组织程序中工作，但是他应该是某个你可以接近并能够保持稳定关系的人。接着让他与你分享这么多年所学到的通往成功的关键。

✓ 任务 <<<

为你自己寻找一个指导者。利用你的时间，寻找合适的人选，随后定期与她碰面，探讨问题，研究挑战，等等。他能够经常地告诉你如何更好地使用时间。

ⓘ 提 示 <<<

是的，智慧常常伴随着年龄和经验增长。从别人身上获得一些知识吧。

掌握好与他人的互动

在每一天点点滴滴的人际互动中，你的时间就这么偷偷溜走了。有些人在办公室门口停下来和你聊天——5分钟没有了；一个同事不期然地到来，讨论一个工程问题——10分钟没有了；一个下属来到办公室，就工作中的一个问题，向你寻求指导——10分钟没有了；其他部门的一个朋友从门口探进头来，询问关于这个星期六高尔夫的情况——5分钟没有了；诸如此类。

从单独来说，这些互动看起来不会花费太多的时间。但是，全体加起来的话，实际上它们占了你一天中非常大的比例。仅仅是上一段所提到的几个干扰加起来就多达30分钟。如果仅计算每天这30分钟的时间浪费，那么一个星期里因这些人际互动所消耗的时间就是2.5个小时。

因此，你需要控制别人对你的来访，防止诸如此类事情的发生。有些交流是必要的，但是有些并不是的。你可以为下属安排固定的来访时间。对于其他的人，你则可以考虑长时间地关上大门，保护你的时间（如果你有一道门的话）。有些时候，仅仅是你办公室或者小隔间的组织氛围也能起作用。

⊘任务 <<<

控制别人对你的来访，那么你就能够控制时间的流失。看起来这些时间就是在每一天的人际互动中溜走的。

!提示 <<<

不能太粗鲁也不能太不近情理，但是无论如何，一定要保护你的时间。毕竟，这是属于你的时间。

注意办公室的地理环境

你是否相信，你组织办公室的方式可以帮你控制客人的来访并掌握时间？即使你拥有的是一个小隔间，而不是一个传统意义上的办公室，你安排和使用工作空间的方式仍然能够起作用。这里介绍一些小技巧：

使你主要工作空间所面对的方向远离大门。

当你想要集中的时段，关上你的门以阻止那些拜访。

不要摆放来客的椅子。

在你的办公室或者小隔间外张贴办公时间的安排表。

让你的门半开着——或者半闭着。

不要面朝大门，或者敞开大门。这会鼓励人们的来访。

✓ 任务 <<<

仔细观察你安排办公室的方法。使用这里介绍的这些技巧，尽你所能完成这些改造以减少"顺路来访"。

! 提示 <<<

仅仅对办公室的地理环境做一些简单的改造，就可以为时间节约带来大大的不同。这种方法有效地过滤了那些仅仅"顺路来访聊天"的家伙们。

书桌的位置

　　书桌能够用作阻止随性谈话——以及时间浪费的障碍物。有些时候，也包括小隔间里的标准家具。我早早就学会了怎样以这种方式使用我的书桌。当我确实拥有一张书桌的情况下，我总是把它放置在门和我的位置之间。这个障碍物可以对访客起作用。

　　在小隔间里，我也试着运用这种方法安排工作空间，使自己背对入口。在那种情况下，我的访客仅仅停下步伐是远远不够的。他只好敲门或者以其他的方式引起我的注意。

　　如果你看起来很忙，人们就不大可能来干扰你。如果你背对入口，而且看起来十分忙碌，你就可以有效减少不速之客来访。

✓ 任 务 <<<

　　试着重新布置你的书桌和工作空间，以起到最大限度的保护作用。移动书桌或者重新安排小隔间里的工作空间，以这种方式安排主要的工作区域，使你背对入口或者大门。

! 提 示 <<<

　　把你的办公室或者小隔间当作是你的战场。任何一个军人都将会告诉你，你需要安排你的战场，来获得优势。

椅子的位置

在我们的工作空间里通常有两张以上的椅子。我一直有这种渴望，就是在拥有一张我的椅子之外，也同时为客人或者访客准备一张。我发现这两者都是节约时间的潜在武器。

我一直都使椅子面朝自己，远离这一工作空间的入口或者大门。以这种方式安排之后，人们就只好以一些实际行动来引起我的注意力。

我的访客椅过去常常给予他人偷取我的时间的特权。这张椅子就放置在空旷之处，这看起来很吸引人。现在，我把那个椅子放置在一个不受人欢迎的地方。在现在的办公室里，我拥有两张访客椅，但是，这两者都被推到书桌之下，于是访客们就需要拉开一张椅子，然后坐上去。在没有受到邀请的情况下，人们一般不会这么做。所以，我就能够利用我的个人邀请影响人们的决定，控制好让哪一个客人继续停留并坐下——不然我就不提出邀请。

另外，我通常想办法使这张椅子坐起来并不舒适，如此一来，人们很可能在经历过一次之后，第二次就不愿意再坐下来了。也许我会在第一场战役中失败，但是我通常最终赢得了战争。

✓ 任务 <<<

分析椅子的摆放位置，以及椅子的类型。组织安排这些椅子，使其发挥最大的优势。使你自己背朝门口，而且使这个访客椅不方便使用并且坐起来也不舒适。

! 提示 <<<

这个方法一点儿也不粗鲁；它帮你控制时间。如果有人来访，在你们确实需要交谈的情况下，你就可以邀请他拉出椅子，进行谈话。

注意与窗户的位置关系

如果你幸运地在办公室或者小隔间里拥有一扇窗户，那么这对你很有帮助。但是一扇窗户作为一项资产的同时，也能够导致问题。

窗户会成为一个干扰。这使你容易流连窗外的风景，幻想即将到来的周末。如此，你就轻易浪费了 5 分钟！

我们应该这么做，使主要的工作空间，面对邻近窗户的地方。那里依然是令人愉快的自然光线，但是你却不会如此容易受到干扰。

接着我们再谈论窗户所带来的资产。如果你不喜欢访客们逗留在旁，那么你就坐在在一个没有阴影，光线充足的窗户前吧。如果在你身后有一扇窗户，那么这里的光线使别人不容易看到你，而且访客们也会感到不舒适。这样，当他们不得不使劲儿眯着眼睛的时候，他们就更愿意结束谈话，尽早离开。

✓ 任 务 <<<

如果你有一扇窗户的话，那么恭喜你。运用这一方法，使窗户成为你的优势，而不是劣势。

! 提 示 <<<

如果你没有一扇窗户的话，那么对此我感到很遗憾。

摆脱"奋斗故事"

我有一个同事，他很喜欢讲"奋斗故事"。你熟悉这些人的。他们经常这么开始话题，"我记得在那时……"或者"这让我想起了那段时光……"他的故事非常有趣，而且讲得也非常棒。

不幸的是，最短的故事往往也至少消耗 10 分钟，而那些长篇故事往往可以轻易地浪费长达 20 分钟的时间！

所以，尽管我很享受听他讲奋斗故事，但是我依然还是得努力摆脱这些故事。如果每天都这么讲述若干个奋斗经历，那么我所失去的时间就要多达半个小时！我不能接受这种形式的时间损失。所以，我做了什么呢？当他一开始话题的时候，我就马上进行干扰。

就在故事开始的时候，打断他。并且态度友善地告诉他，我有一项工程或者文件就快要到截止日期了，我确实必须得要继续工作，尽快完成那个任务。我接着以那项工程的相关问题来转移他的注意力。

✓ 任务 <<<

如果有人顺路来访，试图讲述他们的"奋斗故事"的话，那么就尽快转移他们的注意力。你越早打断他们，那么你每一个星期就可以节约越多的时间了。

记得，态度不要太粗鲁或者没有礼貌，同时在心里要牢牢记得，你需要重新联系那个人继续完成这个故事。我常常试图在午饭时或者一天中稍晚的时刻，就是在我比较空闲的时间，重新询问这个故事的内容。这个做法可以使我与同事始终保持良好的关系。

学会站起来并精明地计算你的时间

几年前，我的一个顾问教给我一个万无一失的方法，将办公室来访的时间减少到最低。这个方法就是，当人们来到你的办公室并试图和你交谈的时候，你要马上站起来。

而且谈话过程中你要一直站着，也不要邀请他们坐下来。我们发现并且已经证实，如果你一直都站着的话，人们通常也不愿意逗留。但是如果你坐下来，他们就会认为这是聊天的邀请，这样他们就倾向于多待一会儿。更有甚者，有些人会开始环视四周，寻找一把椅子。

所以，如果你想要把访客造成的时间冲击最小化的话，那么就不要任由上述情况发生。他们一进来，你就马上起立。同时在谈话过程中你要一直站着，也不要邀请他们坐下。如此，你将会发现，访客们会直达主题，然后迅速离开。

这方法很管用！很好地节约了时间。

✓ 任务 <<<

学会站起来并懂得精明地计算（计算你每天尽可能节约的最大时间）。当访客们不期而至的时候，站起来而且令他们也一直站着。这样，你们的谈话会变得更加有效率，也节约了你的时间。

这个方法听起来有些无礼，有些时候，确实如此。但是你可以表现得更令人愉快。除非你想要花费一段时间和他们一起聊聊，否则就站起来，同时也不要邀请他们坐下。

学会说"不"

我有一个朋友，她现在正参加一个"学会说不"的 12 步骤项目。实际上，这一方法比那 12 步骤项目简单，或者更难。同我们大多数人一样，她对于说"不"也感到难以开口。所以，情况如何呢？她最后成为一个"随叫随应的小妹"。每个人都知道她总是说"好的"，事实也确实如此。

那结果如何？每时每刻，她的工作都很繁重，同时一直感到非常疲惫。她说她似乎总是只能赶在截止日期前的最后一刻完成工作。

我对她一星期中的所有任务进行了一次全面完整的分析。我发现她在一个星期里需要处理的工作足足有 60 个小时的工作量。而且，这其中的很大比例还与她自己的工作无关。所以我们就开始了一个补救计划。我要求她每天至少要说一次"不"。

她现在学会了评估所有的求援，判断它们是否符合她的个人以及职业目标。并开始对那些不符合的要求说"不"。她最近告诉我结果，她一个星期的工作量已经减少到大约 50 个小时。我就告诉她要继续保持这个做法。

✓任务 <<<

学会说"不"。对那些不属于你分内工作的任务，说"不"。对

170

那些人们要求你承担的额外任务，说"不"。对那些属于其他人责任之内的工作，说"不"。要有战略眼光，重点是要学会说"不"。

（!）提 示 <<<

说"不"这一方法并不仅限于工作领域。对所有的那些额外工作，像是训练足球队，或者是参加房东协会委员会，同样也应该进行仔细的评估，判断是否符合你的个人目标。当它们不符合的时候，你就要说"不"。

处理公事访问

王明来到你的办公室（好的，或者说，你的小隔间），未经邀请就坐在你的访客椅上，询问你的工作情况。接着，他又和你谈起私人生活方面的事情，比如你女儿在学校里的独奏会，他儿子昨天晚上的棒球比赛。又重复了一则关于一位副总管的办公室流言。随后，在经过 5 至 10 分钟的闲谈玩笑后，终于谈到了今天来访的目的：小部件项目。

看看，他浪费了你一天中的 10 分钟。那么在一个星期里发生了多少次这样的事情呢？在这些会晤里你失去了多少时间呢？

你需要采取什么措施来阻止这种情况？这太简单了，简单得你会惊讶于自己之前竟然没有想到。这个方法就是起立。

是的，他一进入办公室，你就马上站起来。看到你已经站起来，他（以及大多数人）都不会选择在办公室里坐下来。如果他没有坐下来，那么他就不会那么悠闲，于是他就很可能跳过那些不着边际的闲谈，直达主题。这样每当这种情况发生的时候，你就可以节约 5 至 7 分钟。

✓ 任务 <<<

如果你想要缩短这些不速之客的办公室访问时间，那么就要学会站起来。如果你需要适当花费一些私人时间以维持交际关系，那么好的，没问题，但是记得要有选择性。

! 提 示 <<<

想要改善这种情况吗？那就不要让王明首先开始话题，相反，你要学会先站起来，掌握谈话的主动权。"嘿，法兰克，最近如何?"（不要停下来等待任何回答!）"我可以为你做些什么吗?"这一做法会使谈话马上进入正题。

第十章 学会授权工作

学会委派代理人：发掘员工的潜力

如果你是一位领导者或者经理，那么你就需要学习某些经理必备素质——否则你注定要奔波忙碌：你必须学会委派代理人。

给他人分配任务是管理者们的特权——这是他们拥有这些头衔的原因。但是，很多次我都发现他们其实并不能真正运用这项特权，其结果是，经理们工作繁重，而他们的员工们却无事可做。

如果你也陷于那种状况，那么就学会给工作分类，判断哪些需要你亲自完成，而哪些则应该分派给为你工作的人——你的员工们。这要求你对职工及其能力进行准确的评估，发掘他们的潜力。有多少人会感激你分配给他们工作和任务，你要最为器重这些人。

✓ 任 务 <<<

学会给工作分类，判断哪些需要你亲自完成，而哪些工作你的员工可以处理得更好，更有效率。接着把那些工作分派给你的员工，督促他们；不要事必躬亲。

! 提 示 <<<

作为一个年轻的经理，对我来说，我要学习的最困难的技巧之一就是把工作分派给其他人。

学会委派代理人：认识员工的能力

如果你是一个管理者，那么你主要职责之一就是管理你的员工。要做到这一点，你就必须认识到每个员工的能力，了解他们的弱点。所以，每当有新的工作出现，你必须学会把工作分配给小组里最适合的人选，使他出色地完成这项任务。

这要求你清楚地认识小组成员的能力，并且愿意给他们提供机会，分配工作。

不要陷入旧观念的局限，"如果要顺利完成这项工作，那么我就必须亲自处理。"我发现很多工作量过大的经理们都有那种想法，为此，他们将迅速地耗尽自己的精力。

信任小组成员的能力，从长远看，你将会节约你的时间。

✓ 任 务 <<<

对小组成员的能力进行合理的评估，认识每个职员的潜力。接着以此为根据，大胆地向员工分配任务。

! 提 示 <<<

不要使你自己处于这一状态：事必躬亲。这会使你非常疲惫，而且这也浪费了很大比例的私人时间。

学会委派代理人：训练员工的能力

当然，一旦完成对小组成员能力的评估，你就需要找出他们各自的薄弱环节。不要只是片面假定如果这个成员不擅长处理任务 A，那么你就永远不能分配类似的工作给他。如果你是这么做的，那么你就会发现往往你需要亲自完成那项工作。因为小组里的其他成员手头上都有工作，他们无法再同时负责另一项任务。所以你就只好亲自完成。那么结果就是没有受过训练的员工们按时下班回家，而你却要用额外的时间追赶进度。

正确的做法应该是这样的，一旦你发现小组成员的薄弱环节，那么就要努力去克服它们。如果出现一项任务，并且这个任务有合理的截止日期，那么就把它分配给小组里那些之前没处理过这类工作的成员。让他或她跟着你或者其他人一起工作，学习怎样在监督下完成这项任务。以这种方式训练他。这一做法，可能在第一次会使你花费一些额外的时间，但是这些时间在之后会得到补偿，因为员工们学会了怎样处理这项工作。

✓ 任 务 <<<

评估你的小组成员，判断他们的薄弱环节，接着在这方面对小组成员们进行训练，这样在可预见的将来你就可以给他们分配任务了。

把这个训练看作是一项投资。这一开始会花费你的时间作为成本，但是之后，当他们学会了怎么样处理那项工作的时候，你就得到了回报，节约了时间。

第十一章

消灭拖延习惯的好方法

努力摆脱拖延这个坏习惯

很多人会拖延工作，也有很多人并不会。如果你并不拖延工作，那么就请跳过这个部分；这个方法不是为你准备的。

但是如果你确实习惯于拖延工作的话，那么这里介绍的一些方法可以帮助你。

首先，判断你是否习惯拖延工作。和戒掉其他的瘾头一样，第一步就是要非常坦率地承认你有这个问题。你需要了解自己各方面的情况，这就是其中之一。所以，如果你习惯于拖延工作，你常常尽可能地把工作拖延到最后一分钟。为了追赶进度而不得不经常加班加点，这一做法带给你很多额外的焦虑、压力，使你浪费了很多时间。

所以第一步就是，通过寻找那些迹象，坦率地承认自己的这个坏习惯。接着你要下定决心，对此你需要采取一些措施。控制这个不良习惯，不要再拖延工作。

这本书介绍的某些方法已经可以帮助你认识到你的坏习惯，并告诉你如何克服。随后几章介绍的这些方法主要是针对拖延这个恶习及其所导致的时间浪费。

✓ 任 务 <<<

判断你是否习惯于拖延工作，拖延浪费了你很多的时间。你越早认识到这个问题，那么你就可以越早地处理这个问题。

! 提 示 <<<

一些针对拖延的习惯的研究已经表明，拖延会使你花费两倍的时间来完成同一项任务。

不要拖延！

既然你已经认识到这个问题，那么现在就到了解决这个问题的时间了。如果一个人习惯于拖延工作，那么当他接到一项任务时，想要做的第一件事情是什么呢？答对了，推迟工作！

千万不要这么做。能够认识到这个问题，你已经有了很大的进展。现在就开始处理问题；不要推迟工作。你必须开始着手解决这个问题。随后介绍的一些方法可以给你提供一些帮助。它们指出了那些惯于拖延工作的人普遍遇到的问题，并且为你处理这些问题提供了战术。

✓ 任务 <<<

对于拖延的习惯，采取一些措施。从今天做起，从现在做起。行动吧。

! 提示 <<<

认识到这个问题，并不代表你解决了问题。你知道的，这和吸毒或者其他的那些恶习可不一样，但是它会偷取你和家人的时间，带来不必要的焦虑。行动起来着手处理这个问题吧！

尽快完成未完成任务列表上的工作

在本书中对未完成任务列表已有相关说明。如果你现在还没有准备一份未完成任务列表的话，那么就要尽快制作一份。根据一份已区分好任务先后次序的未完成任务列表，强制自己按照上面的安排生活，这是有效摆脱拖延这个恶习的最佳方法。

如果你正确地使用这份未完成任务列表，并约束自己遵守相关规则，那么你就必须按照先后顺序来处理项目和任务。所以就运用这一方法吧，根据列表的顺序开展工作。当你想要拖延某个项目到另一个时间时——不管是为了什么原因——不要允许自己这么做。遵守这份未完成任务列表的规则，完成上面的任务或者工程，这就是未完成任务列表所需要的纪律。

利用那份列表为你提供的人为的约束和纪律，使你按照列表上的顺序依次完成每一项任务。如果你遵守这一方法，那么你将发现你不会再拖延工作了。告诉自己，你必须依照这份列表做事，而且一定要顺利完成这项工作。让这张列表成为你的任务管理器。

✓任务 <<<

使用一份未完成任务列表，并且使它成为你的任务管理器。严格按照上面的一字一句遵守这份列表。每次处理一项任务，直到全部完成。中途不要允许任何的跳过。

(!) 提 示 <<<

心理学家告诉我们，有些时候，仅仅是某些外在纪律的约束就可以使本来习惯于拖延工作的人重新专注在任务上。这份未完成任务列表就可以作为一项外在的约束而起到这个作用。

亲自负责这项工作——或者委派别人完成

当我们分配到一项任务或者工作时，有些时候却没有时间进行处理。如果你是一个管理者，你可以选择将任务分配给你的员工。这么做可以减轻你的工作量，使你拥有更多的时间，而且还可以顺利完成这项工作。

但是，优秀的管理者应该要认识到，把工作分配给其他人时，要谨慎而合理，并且事先对员工的工作量要有一个清楚的认识。做到这些要求的方法之一就是把这项工作的各个环节分配给不同的人，也许还包括你自己。那么你就可以顺利完成这项工作了。

但是，你要记得，即使这项工作你已经分配给他人完成，但是这由始至终都依然还是你的工作。

✓ 任 务 <<<

当你接到一项任务，它将会使你的工作量过大的时候，如果你有能力，就把这项工作的部分或者全部委派给其他人处理。

! 提 示 <<<

但是，你要记得，你依然承担着完成那项工作的责任，所以你要把这项工作安排在你的未完成任务列表之上。

"这不是我的工作，先生！"

这件事曾发生在我们所有人身上：老板走进来，分配一项明显是属于其他人职责范围之内的任务。而你就会想要这么回应，"但是那可不是我的工作！"在你这么回答之前，好好考虑一下。

花一分钟来思考这个处境。老板会把那个任务分配给你，是因为他对你的信任胜过那个本应该处理这项工作的人——对你来说，这是一个机会。而你也能从中学到一些知识，也许你可以在下一次工作的面试里用到。或者，也许这真的是你的分内工作，又或者，还有一种可能，这份工作并不在任何人的职责之内，只是你恰好被选中而已。

无论是哪一种情况，在你试着摆脱这份工作之前，先找一个动机完成它。比起完成这项工作，尽力摆脱它可能会对你产生更为不利的影响。什么可以刺激你呢？也许就是为了避免推卸这项工作所带来的消极影响。也许是因为这项工作是老板要求你完成的，而不是其他人。也许是因为这项工作你能够比其他人完成得更出色。这里有很多承担这项工作的好理由。有些时候，你可能还可以找到你自己的理由。

作最后的分析，比起完成这项工作，摆脱它是不是将会消耗更多的时间呢？这由你判断。

✓ 任务 <<<

在仓促地得出任何一个结论之前，对这些情况进行谨慎的评估。有些时候，完成一个不在计划之内的任务，可以带来额外一些效益。

! 提示 <<<

一个朋友发现她处在一个类似的情境——也就是说，她分配到了一项不在工作范围之内的任务。但是在经过仔细思考之后，她接受了这项工作，而且完成得非常出色。最后发现这个特殊的工作是对她的一个考验。她通过了测试。没过多久，这就为她带来了一次晋升。

克服未知的恐惧

有时候，我们会对一些工作或者任务感到害怕。原因是什么呢？

有些时候，我们就只是害怕会在一项全新的或者有冒险性的工作中失败。但是失败并不必然意味着糟糕，我们可以从失败中学习。而且谁能肯定会是必然失败呢？如果你将这害怕变为一种积极的态度，自信能够完成这项工作，那么害怕之感也就会消失无踪了。

有些时候，我们担心如果成功完成工作后将会发生什么情况。如果你担心在这份工作之后，你将会接到更多任务的话，那么你就会害怕成功。再说一次，这个影响是积极的。这代表你开拓了一个机会，使这个组织看到你的价值，你就是一个有能力有担当的人。

这里还有很多其他原因造成的担心害怕，但是它们都可以被一个积极的态度所驱散。找到一种方法，把每一个机会都转变为积极的影响。然后完成这项工作。坦率地说，在我所待过的那些组织里，没有一个会因为你完成了任务而惩罚你的。所以，不要害怕，尽力完成这项工作吧。

✓ 任务 <<<

不管你的恐惧到底是什么，不要让它们阻碍了你的成功。

！提示 <<<

记得，当你为这份工作感到痛苦的时候，你就正在消耗你宝贵的时间，或者说，是失去宝贵的时间，又或者可以说是在浪费宝贵的时间。

克服因知识不足而产生的不安全感

你对这项工作感到不确定，是因为你没有任何的经验，或者是因为相关知识的掌握并不充足，所以你感到不自信。

这个恐惧是很容易克服的。走出去，努力获得你所需要的知识。有些时候，这只是代表你要和之前已经处理过这项工作的某个人进行交谈。这也可能代表你需要在这个课题上阅读一些相关书籍，以增加知识，或者你需要做一些研究，或者可以采访某些人。总之，你需要对这个课题的相关知识了解得更加充足。

⊘ 任 务 <<<

接受这项工作，使自己准备得更为充足。随后完成这项工作。就是如此的简单。

ⓘ 提 示 <<<

不要因为自己不知道的缘故而担心。因为在 21 世纪，我们可以经由各个途径获得各种各样的信息和知识。你只需要走出去，然后获得它。

如果你对这任务不感兴趣，那么就去培养兴趣

好的，有些时候，某些工作就是不能令你兴奋起来。你对它没什么丝毫兴趣。这工作很无聊。这工作很沉闷。这工作看起来并没有足够的重要性。

如果你是以这种方式思考问题，那么你就陷入麻烦之中了。我可以告诉你：现在很多的工作和任务，你都不会有太大的兴趣完成它们。忍耐！不管如何，这些任务总是要处理的。

如果你恰巧分配到了这么一项你并不感兴趣的任务——那么就去培养你的兴趣吧！刺激自己以完成这项工作。

如果你倾向于拖延这些工作，那么它们就会被闲置在旁。所以这些任务就这么被放置在一旁，变得陈旧——然后越来越陈旧——接着就有人问起这项任务的进展情况。所以你就开始变得紧张，同时又有人也问起这项工作。那么你就会一直为这项任务担忧。然后你老板过来向你询问任务的进行情况。那么你该说什么呢？你正在进行这项工作吗？你当然不是。

不要让这种情况发生在你身上。寻找一些动机，刺激你完成这项工作。所谓的动机可以是消极的刺激。如果你没有完成这项工作的话，你将会有麻烦。如果你没有完成这项工作的话，你将无法得到晋升。

找一个理由来使自己变得有兴趣，不要再拖延了。马上行动起来，开始处理这项工作。

⊘ **任 务** <<<

不要仅仅因为你对它不感兴趣，所以就用貌似正当的理由把这个任务抛置在旁，不作理会。这好比是坏新闻：放得越久，就变得越臭。

⚠ **提 示** <<<

对于完成工作来说，兴趣并不是必需的——这只是刺激我们的一个动机。当你一直把这个任务抛置在旁，不作理会的时候，你就会担心它，时刻惦记着，时间就浪费在担心上面了。

194

完成你不喜欢的那项任务，那么你就消灭它了

这个是解决这类问题的最简单方法：如果你真的不喜欢这项任务，或者不想要处理它，那么消灭这项任务的最简单方法就是完成这项任务。

是的，就是去处理这项工作，那么这项工作就会消失无踪了。

你不会再痛苦，不会再担忧，不会再焦虑。所有因为这个任务而引起的负面情绪都会没有了。

正如耐克的广告词所说的：尽管去做吧！

✓任务 <<<

你越快完成它，那么这项任务从你的生活中消失得也越快。这段时期也就自然而然地过去了。

⚠提示 <<<

一直惦记着这个任务，就好比是拿你的头撞墙：但你停下来的时候，感觉是如此之好，你的疼痛也随之停止了。

第十二章　利用好旅行时间

把出差时间安排在一起

我们都知道出差简直是最浪费时间的事情。不幸的是，我们不得不因工作需要而时常出差。所以我们有理由要尽可能最大限度地利用这段时间。

如果你是乘汽车旅行的话，那么就去准备一份行程表。在这张表上，你可以把若干个（或者更多）出差行程安排在一个时段里。这可以使你外出办公室的时间最小化，也使你更有效率地利用时间。

举例来说，如果你需要拜访一位委托人或者顾客，并且在本周内还要找个时间顺便拜访你的会计师的话，那么为什么不把它们安排在一起呢？这使你可以最大限度地利用在办公室之外的时间——因为只需要一个行程，而不是两个。通过把行程集中安排在一起，大多数人节约了很多在本地出差的时间。

当然，如果你得要进行远程旅行或者是乘飞机的话，也需要进行同样的时间安排。尽量把你的旅行都安排在一个旅行之中，而不是很多个分散的小行程。

✓ **任 务** <<<

考虑把你的行程集中安排在一起，不管是在城镇内或者城镇外，长途旅行也是一样。

对这个方法，我试验了不止一次。仅仅通过在一个旅程中安排两次拜访，而不是做两次旅游，我平均就能节约45分钟。现在，这个方法就可以帮你节约时间！

利用旅行时间来学习

我们大家都需要进行较长路程的旅行，在旅程中有很多的"空白时间"（消耗在飞机场的时间，消耗在飞机上的时间，消耗在旅馆里的时间，等等）。如果这些时间耗费无法避免，那么你就要学会有技巧地使用时间。实现这一目标的最好方法之一就是主动学习新的技能。

我一直使用笔记本电脑管理我的商业旅行。而且我一直强调要在旅途中掌握一套新的技能。有些时候，我决定要去学习更多与计算机应用有关的知识，那么我就利用帮助屏幕或者是使用指南。有些时候，我随身携带一张内含训练模块的 CD，以便进行学习。

其他时候，我则带一些在过去几周里积累起来的阅读材料。通常，我有很多的专业杂志都堆积着。所以我就把那些杂志也一起带上，那么阅读工作就可以在旅程中进行弥补了。

我的笔记本电脑有无线网络功能，所以我同样可以在目的地进行研究调查，比如说关于委托人或者顾客的情况，我拜访的这个城市的相关信息，或者还有其他网络相关的东西。它们可以增加我的知识或者能力。

✓任务 <<<

下定决心，有效率地利用好你的"空白时间"来学习新的技能或者获得新的知识。如果你没有一台笔记本电脑，那么就随身携带专业书籍或者杂志吧。有效率地利用好这段时间。

！提示 <<<

旅程太艰苦，所以你在途中是不会有时间学习的，这一想法完全没有道理。你能够而且应该要有时间学习，即使这只是为了提高你的能力。新的能力或者技术将会在之后节约你的时间。

利用旅行时间来沟通

在旅行中，最容易进行的事情之一就是和人们交谈。现代的手机可以使我们随地随时与别人保持联络，所以为什么不利用这段时间来进行一些联系呢？

当你坐在飞机场休息室里等待着误点的班机时，你可以与你的办公室联系，可以给若干个委托人或者顾客打电话，可以给同事打电话，讨论行业的相关情况。在这段空白时间之内，你可以与别人进行联系以及开展或者保持接触。只是要记得，你在登机的时要遵守飞行规则。

如果你使用的是一台带无线网络功能的笔记本电脑，那么就连接网络，查收和回复电子邮件。这样，当你回来重新开展工作的时候，你就可以了解最新情况了。

当你在驾驶的时候，你依然能够做到这些事情。给你的办公室打电话，确认你的约会——或者告诉他你因故有所耽误，可能会迟点儿抵达——可以次天再打电话确认。当你在驾驶的时候，你可以利用这段时间和很多人进行联系。

在开车的时候，你要注意一点事项：就是要一直使用免提设备。与试着把电话举在耳边比起来，这么做要安全得多，并且可以使你用两只手开车。现在有各种各样便于利用的设备，而且其中很多都并不昂贵。我经常使用的那种就是我上一部手机的一个附件。这个设备起到了很大的作用，使用它我可以进行更好地沟通，并且同时还可以稳定地驾驶汽车。

✓ 任 务 <<<

当你旅行的时候，在往返的路途上安排一些沟通交流活动。再说一次，利用好这段时间，这将会节约你以后的时间。

！提 示 <<<

你所进行的这些谈话都将会节约你以后的时间。你本来需要花费那些时间在办公室里拨打同样的电话。那么，你现在可以利用这段时间处理其他事情，并且按时回家。

利用旅行时间来放松

有些时候，你是在一天的劳累或者是在一星期的辛勤工作之后进行商务旅行的，你面对的是一段有压力的行程以及另一端更多需要处理的工作。当这种情况发生在我身上时，我常常决心要在旅途中休息放松。我知道，这么做不会使我完成任何事情，但是它帮我从压力中恢复精力，使我得以进行更好的准备和休息，为下一次任务储蓄精力。

如果你是开汽车旅行，那么就带一本书或者光盘。你可以在驾驶的同时聆听音乐，可以倾听你最喜欢的音乐或者脱口秀。如果你是乘飞机旅行的话，那么就带一本可以使你沉迷其中，手不释卷的小说。还可以带一台便携光盘播放器，或者在手机里提前下载好喜欢听的栏目或音乐，轻松聆听，舒缓心情。

休息，放松，使自己得以恢复精力，这样你就可以在生理上和心理上为次日清晨或者需要处理的事务做好更充足的准备。

✓任务 <<<

当你感到有压力时，如果时间允许，那么就在旅途中放松休息。学会放松心情并减少压力。为你下一项工作做好更充足的准备。

(!)提 示 <<<

　　尽管这个方法并不能立即为你节约时间，但是当你精力充沛的到达目的地，以更好的状态处理在这边的工作时，你就可以更好地节约时间。

利用旅行时间来准备

旅行时间的最大用途之一，同时对于乘飞机旅行的适用性最强的一个方法，就是为下一项任务或者会议做好准备。坐在飞机场里或者飞机上，你正好可以进行阅读或者做笔记。

当我在旅行时，我一直在做这类事情。我知道在旅行时我会有空白时间，所以我把事先需要的所有阅读材料都放在一个文件夹里。这样当我在旅途中时，我就可以进行温习回顾了。运用那种方式，我可以有效率地利用我的办公室时间，同时还可以利用我的旅行时间，以求发挥最大优势。

这个方法同样还有一个优点，就是当我到达目的地并需要使用资料时，我对信息仍然保持鲜活的记忆。

✓ 任务 <<<

当你乘飞机旅行的时候，记得随身携带全部的准备资料。然后在机场或飞机上阅读它们。

！提示 <<<

这个方法节约了你花费在办公室里的时间，使你可以有效率地利用旅行时间，发挥你的最大优势。

利用乘飞机时间来追赶进度

如果你的情况和我一样，同样在任务进度上落后的话，那么旅行通常可以为我们提供一些不受打扰的时间，以便弥补进度。这对于乘飞机旅行来说尤其如此，因为在旅行过程中你会有很多闲暇时间就这么无所事事地坐着。

当我遇到这些情况时，我就把想要阅读或者工作需要的资料打包放在若干个文件夹中，肩膀上背着我的笔记本电脑，然后踏上旅途。当我坐在机场里等待的时候，或者是无所事事地待在飞机上的时候，我就可以打开文件，然后阅读、书写、记笔记——随便什么活动都可以。当我需要在电脑上工作的时候，我就可以轻轻松松地打开我的笔记本，开始工作。

这是利用时间的一个好方法，否则你就会没有效率。

⊘ **任 务** <<<

下定决心，利用旅行时间在工作上进行弥补，甚至可以赶超进度。

① **提示** <<<

这个方法可以节约你的时间。这时你就可以合理地利用不受打扰的时间来处理工作——可以是弥补进度，甚至可以是赶超提前。

利用旅行时间来阅读

还记得你需要完成所有阅读资料的时间吗？主要包括那些商业杂志，系统内报表，研究报告，等等。好的，旅行时间就是一个完成那些阅读的极佳时机。不是说在你驾车的时候，当然不是，而是指当你在机场里，在飞机上，在旅馆里，或者在出租车里的时候，可以是你在旅途中的任意地点。

所有的这些机会都是你弥补阅读进度的时间。

非常坦率地说，我完成此类阅读的最佳时间就是在旅途中。

✓任 务 <<<

当你在旅行的时候，随身携带需要弥补阅读进度的材料，利用好那段时间。而不是只坐在位置上，无所事事地看着窗外。

①提 示 <<<

你知道你需要阅读哪些资料。如果你不完成这些阅读的话，你的工作进度就会落后。所以就要记得随身携带这些资料，并且利用好旅行时间。再说一次，这可以节约你之后的时间。

第十三章

注意休息，安排好生活

确立个人目标和家庭目标

你的私人生活应该是你时间计划和管理中的一部分，正如你的职业生活一样。毕竟，它是你每一天，每一星期，每一月的生活的重要组成部分。

当你决定好为职业生活所确立的目标时，同样不要遗忘你的个人生活。你的长期目标同样应该包括一些个人目标——比如说，你退休的时间计划，你打算生养一个还是两个孩子，以及你计划在怎样的程度负担他们的大学；还有那些所有与你有关的个人目标，比如说，购买房子、教育、配偶的教育，等等。

你每一年的计划同样应该包括个人目标和家庭目标，比如说，在家里和家人一起度过一段时光，可以是假期时间，也可以参加孩子们在家中以及在学校里的活动。所以你必须能够安排好时间以便确保可以完成包括这些计划在内的活动。

✓**任 务** <<<

在计划你的长期目标以及短期目标时，要一直记得需要包括个人以及家庭的规划和目的，这样你就能够为所有活动进行安排了。

如果你没有计划这部分内容，那么你就永远不会去处理它们。这些事项必须包括在你的计划之中。每当讨论一个事项时，你的理财顾问总会向你询问同样的问题，所以就从现在开始做起吧。

确定你为完成个人目标而留出了时间

好的，这是很好的开始。你已经规划出了与自己以及家人有关的长期目标和短期目标。现在我们要确定你已经安排好每一天，每一星期和每个月的时间来处理那些事情。

我建议应该写下这些目标的原因是，通过这一方法，我们就可以经常重温这些目标，然后将之付诸实践。所以，当你浏览明天的工作行程时，就会意识到晚上你需要参加一场孩子的钢琴独奏会，那么你就会注意到你的目标之一就是与孩子们的生活有关。好的，那么你就会知道你需要做什么。记得把那场独奏会安排到你明天的日历表上。

✓任务 <<<

每一天问问自己这个问题："我今天的行程表是否已经包含了与长期目标与短期目标相关的所有事项？"

①提示 <<<

当然，你不能总是估计好每一天发生的每一件事，但是这个方法就是每一天向自己询问这个问题。

每一天都应安排休息时间

注意，如果你一直都不休息，那么你就会耗尽精力。研究表明，你工作中途休息越少，那么你的工作效果以及效率也就会越低。所以从这些研究中学习，在每一天安排出你的休息时间。

具体该怎么做呢？第一个战略就是离开办公室，每天在书桌之外的地方吃午饭。好的，真是些顽固分子，你依然可以用一个棕色袋子带着你的午餐上班，但是去户外用餐（如果天气好的话），并且在湖边或者办公室之外歇息放松。用半个小时的时间漫想工作之外的其他事情。

另一个战略就是每天安排一段阅读时间。我们已经解释过该怎样处理你必须完成的所有阅读，其中一个非常简单的办法就是每天分配半个小时，可以是在下午，认真阅读那些资料。这么做常常可以使你得到放松，帮助你减少压力。如此，你就能够更好地恢复精力，重返工作，为更多的任务做好准备。

在每一天中都安排出休息时间。

可以用 5 分钟和同事简单地聊聊天。

只需要一点点"缓冲"的时间，都可以使你恢复精力，信心十足地重返工作，并且为更多的任务做好准备。而你也将会因此而更有成效以及更有效率。

⊘**任务** <<<

在每一天安排出你的休息时间。这并不需要很多的时间——事实上，也不应该安排太多的时间。但是一点点远离工作的休息时间，对于清醒你的大脑有长远的作用。

①**提示** <<<

这个研究结果是非常清楚的：即使只是在工作间隙中安排一些简短的休息，我们也可以因此而恢复精力，那么当我们重返手边的工作时，就会变得更有效率。

短暂休息

使你恢复精力所需要做的另一件事情，就是在一天中进行简短的休息。这并不是指像其他人那样，出去吸烟 20 分钟，作为休息时间。还有一个方法就是每隔两个小时休息 5 分钟。

是怎么样的休息呢？可以是你快速走到苏打机旁去取最爱的苏打水的那一段步行。可以是上午来到咖啡壶旁为咖啡续杯（我的最爱）的一小段路程。或者可以是拜访在另一间办公室的朋友所花费的 5 分钟，谈谈你们的孩子们。或者也可以仅仅坐在书桌旁，浏览 5 分钟的电脑，查看你的下一个旅游地。或者——好的，由你来做决定。

✓ 任 务 <<<

在一天中，使你自己得到简短的休息。不是花费很长时间，也许就是 5 分钟左右。只要是与工作无关的事情都是可以的。

! 提 示 <<<

这些休息可以帮助你恢复精力，同时还可以作为继续处理下一个项目的重要心理缓冲。

不要让自己变成工作狂

我有一个朋友，我有预感，她的生命会早早地流逝。是的，她是个典型的工作狂。她每天花费 12–14 小时参加工作，另外有 4 个小时待在家里干活儿或者参与家庭活动。每天，她把这 16-18 个小时都排满了活动。

可是在这些活动中，没有一个是为了她自己。她让自己变成了一个工作狂。值得高兴的是，她已经认识到了这个问题，并且正在努力克服它。但是在她的生命中，她还是有可能早早地耗尽了精力。

不要让这个情况发生在你身上。这不仅消耗你的精力。除此之外，对这些工作狂的研究表明，最后的几个工作小时是没有效率的。同样，这段时间会使你频频犯错。

其原因就是人们非常疲惫，要知道这不是他们的最佳工作状态。

不要让这个情况发生在你身上。每天有效率地工作 8 至 10 小时，运用这本书介绍的技巧，那么你就足以顺利完成你的工作了。

✓ 任务 <<<

把你的工作时间设定为 8 至 10 小时。工作加班只是例外，而不是经常如此。使自己保持在最佳状态。

　　这些工作狂们会耗尽自己的精力，虽然他们的工作生活看起来确实非常艰苦。但是同时，你要知道，他们在最后几个工作小时里处理的事情，很可能需要重新再做一遍。这就是因为他们不在最佳工作状态，这也是非常艰苦的。

事先安排好去做身体检查和牙齿检查的时间

这是一个非常有效的技巧，可以帮助你节约时间。我们大家都需要定期去医院检查身体和牙齿。当我们年纪越来越大的时候，次数可能还会更频繁。这些活动应该事先安排好，而且永远不应该留到最后一分钟才作决定。

太多人都有同一个问题，就是他们总是等到最后一分钟才安排这些会面。然后，他们就尽量把会面时间塞到一份已然非常繁忙的日程表中。当他们最终打电话确定会面的时候，你可以利用的时间是非常有限的。

这给你增加了压力，使问题变得复杂——并且，把一天的工作时间分割得零零碎碎。

所以你必须事先安排好这些事情，安排在你最方便的时间里，而不是挤压在其他活动之间。

⊘ 任 务 <<<

至少在两周前就计划好去医院的时间。在你的日程表上，安排好这些会面。那么这些事情就在你的控制之中了，它们会更有效率，并且不会把一天的工作分割得零零碎碎。

! 提 示 <<<

　　我要非常抱歉地告诉你，虽然事实就是如此：你每年都得至少去医院检查牙齿两次。所以要事先安排好计划，这样去医院就不会打乱你的行程表，从而导致你这一天的工作难度大大提高。

去商店的行程安排：一次性购买大量物品

在现今提倡快速购物的文化里，这个想法可能听起来会觉得很不可思议。不管如何，我将会尽力将这个要点阐述清楚。每次当你为了在计划之外的简单差事而打断你的工作时，你就会把一天的工作分割得零零碎碎，结果使你没有工作效率。

所以，每次当你不得不跑到商场仅为了买一盒牛奶，或者是烘烤需要的配料时，那么你就是在分割你一天的工作。每次当你不得不跑到供应柜只为了拿取更多的打印纸时，或者试图去寻找一个新打印盒时，你就是在分割你一天的工作。

当你准备购买杂货时，就一次性批量购买。买很多的材料，然后装满食品柜。不要每一个星期都只为了购买一两样东西而不得不一而再再而三地跑到商场去。这只会把你所有的工作分割得零零碎碎。

对于工作来说，情况也是如此。在手边准备好所有你需要的东西，而不是把它们放在储藏室或者供应室里。当你开始一项工程的时候，就把所有你所需要的东西都放在附近，如此，你就不需要为了拿取某样东西而再三停下工作，或者，更糟糕的情况是，你需要停下工作，外出购买某些东西。

⊘ 任 务 <<<

批量购物，为你的任务做好准备。不要让自己陷入这么一种情况：因为需要的东西经常短缺，所以你总是不得不到柜子里拿取或者外出购买。

! 提 示 <<<

打断工作就会使你耽搁事情，并且花费额外的时间。当你需要某些东西的时候，就把它们都准备好，这样你就可以节约时间。

整理好衣柜

有些时候，我们会在家里花费过多的时间为某件事做准备。你需要留意的领域之一就是你的衣柜。是的，就是指我们悬挂和储藏衣服的地方。如果你每天早上都需要为寻找合适的衣服而花费时间的话，那么你就很可能是在浪费时间。是的，你可能就仅仅用了 5 分钟，但是 5 分钟乘以 5 天乘以 4 个星期，一个月加起来就是 100 分钟。

所以，使你的衣柜井井有条。把你的工作服放在一个区域，你的休闲装、园丁装和你的运动装则放在另一个特定的地方。总之，要使衣物井井有条。

✓ **任 务** <<<

整理你的衣柜。做好充分准备以使你可以迅速并且有效率地找出所需要的东西。

! **提 示** <<<

这看起来似乎有点儿傻，但是它确实可以有效节约你的时间，在每一天，每一个星期，每一个月。

不要专程外出：把那些杂事合并起来一次完成

很多次我看到人们就只为了一两个事项而专程外出，有时我发现他们每天都安排一次外出办公室的会面。和所有的这类事情一样，这会使我们的一天变得更加零零碎碎，使你的工作更加没有效率。

把你所有外出的差事（无论是离开办公室还是离开家门）——都结合到一起，合并为一次大型的行程。

举例来说，我每天不会特意出去。我已经在星期六上午完成了所有的差事。可以把所有的差事分组，合并在一系列的行程中。那么我就可以在星期六中午之前完成所有的这些工作。你会发现，每个差事都完成了，每一件事也都收拾好了（是的，甚至包括买杂货），而我们可以准备处理其他事情。

在同时，我的邻居——好的，那可是不同的情况。在每个星期六上午，他们的汽车大概要离开车库十次。而每次他们只带回一两样东西。他们甚至需要在每个星期的中途处理这些事情。他们需要在工作中途返家。跑一趟差事，然后吃午饭，然后再跑一趟差事。

这个情况是多么糟糕的凌乱啊！

把这些差事安排在一起，合并为一个有效率的大型行程。在这个行程中，你可以完成全部的事情。那么随后你就可以继续处理其他事情了，那些事情也许更令人享受。也许可以是一场在美味串烧之后的羽毛球赛。现在由你来做决定吧。

任务 <<<

　　把这些差事分门别类，然后安排在一起，合并为一个有效率的
大型行程。运用这种方法，你不仅可以节约时间，而且还会变得更
有效率，能够更快速地完成所有任务。

提 示 <<<

　　这需要你进行事先计划。所以妥善安排这些事情，以节约更多的
时间。

使清晨出门前的准备过程条理化、系统化

对于有些人来说，每一个早晨都像是一个奇异的探险。这些早晨缺乏组织逻辑性而且又非常杂乱。旁边每个人都没有秩序地挤来挤去，阻碍着彼此的道路。所有的这些杂乱和缺乏秩序都会浪费时间。同时也给你带来了很大压力，以一个糟糕的方式来开始你的一天。

思考建立一个系统，以一个惯例来进行你一天的准备。

安排人们的纪律看起来似乎是控制过度，但是在一个大家庭里，这是十分必要的。我父亲生长的家庭里有 6 个孩子，所有的孩子相互之间都相差两岁。如果没有建立系统进行安排的话，那么他们早上就永远也无法出门了。但是这个方法对于人口较少的家庭来言甚至更为重要。在我的家里只有两个人，但是我们都运用了一套简单的系统进行安排，使得我们可以顺利出门，而不至于阻碍到别人的道路。这里没有混乱，因为我们事先进行了组织。

这个系统应该是非常简单的。有些时候，就是仅仅让大家的起床时间相隔几分钟，安排好每个人的先后次序，以便可以最大限度地利用家里的设施。这是做到条理有序的最简单的方法。你可以根据早上大家的出门顺序进行安排。

✓ 任务 <<<

为早上的时间利用建立一个系统，这样你就可以有效率地完成准备工作，顺利出门了。

! 提示 <<<

每个人的系统都可以有所区别，重点是大家需要建立这个系统。它不仅可以使你有效率地开始一天的准备，也不会承受很大的压力。它会使你精力充沛，没有负担地开始一天。

训练整个家庭

是的，他们需要训练。虽然你的系统是适合的，但是它也不会自然而然地立即付诸实践——特别有好几个小孩的家里。仅仅告诉他们需要做什么对于年轻人来说是远远不够的。你需要训练他们，有时候，还要督促他们。

训练他们，使他们习惯于遵守这个规则，那么这个系统就能顺利地发挥作用。是的，偶尔也会出现一些小波折以及小变动。但是，不管如何，你需要一个能起作用的系统，以及遵循这个系统行动的人们。

✓ 任 务 <<<

使每个人都熟悉这个程序。确定每个人都知道他的角色以及你之所以要这么做的原因。

! 提 示 <<<

使家庭成员们明白，使家庭变得井然有序是他们的责任之一。运用这个系统，使每个早晨的行动都遵守这个程序进行。

奖励你自己

有些时候，最好的奖励并不是来自于其他人，而是我们自己给自己的奖励。当计划进行顺利时，当你按时完成任务和工程时，奖励你自己。

这里讲一个小故事：当我还是一支老烟枪的时候（现在我已经戒烟了），我常常在完成一项任务或者工程后就奖励自己一支香烟。这支烟是我完成任务的信号以及获得的奖赏。我知道必须完成任务后才可以享用这支烟。之后，我把奖励改成为小糖果。再之后，我又把奖励改成了一杯咖啡。到了现在，我以一个短暂的休息来奖励自己。

这些奖励都可以对我起作用。它们使我专注在任务上，而且这些奖励本身是非常容易就可以得到供应的。

为你自己建立一个类似的系统，这会使你有效率，可以更专注于工作，同时更明智地使用时间。而这个奖品应该是可以容易获得的小东西。

✓ 任 务 <<<

为你自己建立一个简单的奖励系统，来赢得效率和鼓励良好的时间使用方式。

我们大家都为了某一类的奖励而辛勤工作，比如说：升迁，或者晋升，或者成功。这个小小的系统就是利用了人们的本能趋势。它非常有效。

安排假期时间——去度假吧

假期是很重要的，这是公司给你放假的原因。假期是放松休息的时间，假期是更新状态的时间，假期是恢复精力的时间，假期是活跃生命力的时间。

但是非常多的人都没有好好利用这个度假时间，所以他们最终只剩下疲惫和劳累，只能被工作压倒，以至于永远无法恢复精力。

我有一个朋友以及同事，她叫刘莉。她就是上述这些人中的一个。她前几天曾提过，她每年所放弃的假期时间积累到现在已经非常很多了。当然，在这一点上，我批评了她。

放弃假期时间，公司会给你补贴金钱！你获得这笔钱作为一部分的补偿。这是原因之一。事实上，你的公司希望你可以好好利用那段假期时间，这样你就可以恢复精力，成为一个更好的员工，同时成为一个更好的小组成员。

你工作越累，那么你就会越没有效率。没有效率就会浪费你的时间。度假让你同时在生理上和心理上得到休息。

✓ 任务 <<<

享受那些假期。当你度假回来时，你将会变得更有效率。你的家人也将会从中获益匪浅。

　　有关组织已经对那些没有度假的人进行了研究。比起大多数人，他们更容易疲惫，更加容易失去效率，而且更容易在各种工作中将精力消耗殆尽。不要让这个情况发生在你身上。

第十四章

节约时间，减少消耗精力

不要苛求事事完美

当我这么说的时候，你的五年级老师王老师可能会感到不高兴，但是，我们并不是非得要完美地完成每一件事。

什么？你要告诉我这个说法并不正确！

对不起，对于某些事情，我们不需要完成得太出色，刚刚好就已经足够了。有些时候，完成到最低程度就可以了。换句话说，我们并不需要在每一次考试的时候都尽力拿到 A。

节约有品质的时间和精力，以用来处理那些真正能带来不同效果的任务和工程，这些任务位于高优先级。

✓ 任 务 <<<

定期处理例行公事。不要在那些不重要的事情上花费过多的时间，这并不必要。

! 提 示 <<<

节约时间以处理那些真正重要的事情。在这些任务上，不要掉以轻心。以最严谨的态度，完成这些工作，达到最佳质量。而对于那些例行公事，你只需要做到刚刚好就足够了。

家庭通讯活动：你是否浪费了太多时间

我们在家里都要进行很多的通讯活动——有些时候，这些活动太多了。让我们看看哪些活动是真正有价值的。当然，首先是电话，我们知道每个人都拥有一台手机。随后就是电视——或者说电视剧。电脑又是何种情况呢？还有网络连接？它的速度快吗？

所以，所有的这些信息通讯方式将会对你的时间产生怎么样的冲击呢？我们必须得承认这一点。它们带来了巨大的冲击！想想你的家以及你拥有的所有信息通信设备，它们消耗你的时间，就好比是捕蝇纸消灭苍蝇。有些时候，所有的这些通讯使我们负担过重。在通讯上我们花费了太多时间以至于不能顺利完成某项工作。

整个周末你都出去野营，观看篮球或者足球比赛吗？除此之外，你还做了什么？

整个周末，屁股都一直粘在电脑前，你一直在上网吗？除此之外，你还做了什么？

整个周末，你都一直在玩电子游戏吗？除此之外，你还做了什么呢？

拥有所有的这些设备是必要的。这是很好的消遣娱乐，让你放松休息。但是不要让这个信息通信世界最终在每个晚上或者每个周末都控制你的生活。运用一些自我控制的措施，同时也进行一些其他的活动。

在家里控制对这些通讯方式的使用以及娱乐活动的开展。使用花费在通信设备上的一部分时间展开一些家庭活动，处理一些家务活儿，或者做一些你喜欢的事情。

! **提 示** <<<

时间这种东西，我们每个人都会用完。一旦时间流逝，它就不能再回来了。你要学会明智地使用它。

不要让孩子过多接触电视

孩子们也浪费了很多时间坐在电视前。如果研究无误的话，小孩平均每天几乎要观看 5 个小时的电视。就仅是一天之内！

很显然，任何一天都不会播放这么多有质量的节目，可以说是远远不足 5 小时的。

鼓励你的孩子们去做做其他事情，而不是选择观看电视。（网络并不是一个选择！）鼓励他们去玩游戏，做作业，和其他孩子交流，参加团体活动，或者甚至可以阅读一本书。

不要让他们把智力浪费在看电视上，不要让他们把时间浪费在这个贪婪的怪兽上。

✓任 务 <<<

提供一些电视之外的选择，鼓励孩子们去做一些更有趣，也更有成效的事情。

！提 示 <<<

研究表明，孩子们看电视所浪费的时间与考试成绩降低有直接的相关性。而且这也是在他们发育成长阶段中，对孩子们宝贵时间造成的极为糟糕的浪费。

不要让孩子过多接触网络

现在，你已经知道了埋伏在网络上的危险。网上浏览常常只是一种娱乐消遣，而不是学习。那么，同样，对网络的接触不加以任何限制，这对孩子来说也带来了很多的问题以及危险。

你应该控制这种网络接触，不仅是要监督他们观看的内容，而且要控制他们花费在网络上的时间。

我有一些亲密的朋友，他们家有两个男孩子。于是，他们就把有网络连接的电脑放在家庭活动室里。他们制定的规则是这样的：只有在完成家庭作业后，男孩子们才被允许上网，每次只有一个小时，而且同时房间里还有一个家长陪伴在旁。

✓任务 <<<

控制好网络的使用。保护孩子们的安全，使他们学会明智地利用自己的时间。

⚠提示 <<<

这也会浪费你的时间吗？是的。如果你的孩子们沉迷于网络之中，忽视了家庭作业，那么你就必须得要插手干预了。所以，最好提前预防这种情况的发生。

不要时刻检查你的股票情况

我有一个朋友，他叫陈小雨。他正在做投资生意。他与一个网上经纪人进行一笔交易，还管理着自己的证券股票。我觉得他在这方面做得相当出色。

他只存在着一个问题：他一直在处理这件事情。当他在工作时，他就一直查看股票价格。在吃午饭时，他就在研究他的股票，或者研究要去购买哪只潜力股。在家里，他每晚至少要在这个任务上花费一个小时。我敢打赌加起来每天他至少要在这件事上花费两个半小时。

如果他干得很出色（而且我认为他确实做到了这点），那就很可能称不上是上瘾，或者说是一个严重的问题。问题的关键是，这种做法将他每天的时间分割得零零碎碎。

当我把头探进他的办公室大门时，他就正在查看股票价格。随后他继续工作，于是又不得不再重新使自己适应正在处理的这个任务或者项目。这么做就分散了他的注意力，浪费了他的时间。

要成功地解决这个问题，他就没必要每隔几分钟查看一次股票情况。每天两次刚刚好。

✅ **任 务** <<<

　　如果你在网上开展自己的投资生意，那么请控制好你的冲动，不要每隔10分钟就想要查看投资情况。你需要一直专注于你的任务。

！ **提 示** <<<

　　这一做法使陈小雨浪费了很多时间。如果他把查看股票情况的次数控制在每天上午一次，每天下午一次，那么很大可能他就能为自己每天节约一个小时。

尽量生活在离工作地近一点儿的地方

好的，不是每个人都可以运用这种方法，改善情况，使事情向越来越好的方向发展。如果你能够做到这个方法的要求，那么就考虑搬到离工作地更近的地方。

为什么这么说呢？在北京，许多人仅仅一趟在路上就要花费一个多小时才能顺利到达工作地。在大多数一线城市，考虑到住房的花费，这种想法很可能不会有所助益。但是并不是在所有城市里情况都是如此，在你们之中也很可能不会都是如此。

很多城市现在出现了一种重返城市居住的趋势。城市里正在专门为这部分人建设分户出售公寓大厦和单元住宅，这些人确实有能力可以住得离工作地更近一些。对于那些孩子已经长大并且搬离的家庭来说，这是一个完美的解决方式。

如果可以住得离工作地更近一些，那么你就可以在每天上午的交通时间中节约10分钟，那么一天你就将节约20分钟，一个星期就是100分钟，所以一个月加起来就会是400分钟。那么，一个月下来你就可以节约六个半多小时。

✓ 任 务 <<<

如果你正处于这么一种情况，那么就考虑搬到离工作地更近的地方居住。

谁不想要每月里这额外的六个多小时呢？这段时间你可是能够用来处理其他事情的啊！

图书在版编目（CIP）数据

聪明人是怎样管理时间的 / 林蓓蓓 , 郝秀华编著
. — 长春 : 吉林文史出版社 , 2018.10（2021.8 重印）
ISBN 978-7-5472-5436-3

Ⅰ.①聪… Ⅱ.①林…②郝… Ⅲ.①时间—管理—
通俗读物 Ⅳ.① C935-49

中国版本图书馆 CIP 数据核字 (2018) 第 222620 号

聪明人是怎样管理时间的
CONGMINGREN SHI ZENYANG GUANLI SHIJIAN DE

书　　名：聪明人是怎样管理时间的
编　　著：林蓓蓓　郝秀华
责任编辑：程　明
封面设计：冬　凡
文字编辑：李　波
美术编辑：牛　坤
出版发行：吉林文史出版社
电　　话：0431-86037509
地　　址：长春市福祉大路 5788 号
邮　　编：130021
网　　址：www.jlws.com.cn
印　　刷：三河市燕春印务有限公司
开　　本：145mm×210mm　1/32
印　　张：8 印张
字　　数：155 千字
印　　次：2018 年 10 月第 1 版　2021 年 8 月第 7 次印刷
书　　号：ISBN 978-7-5472-5436-3
定　　价：36.00 元